ERSTE AUSGABE - Veröffentlicht 2022

Extra Grafikmaterial von: www.freepik.com
Dank an: Alekksall, Starline, Pch.vector, Rawpixel.com, Vectorpocket, Dgim-studio, Upklyak, Macrovector, Stockgiu, Pikisuperstar & Freepik.com Designers

Kostenlose Online-Spiele Entdecken

Hier Erhältlich:

BestActivityBooks.com/FREEGAMES

5 TIPPS FÜR DEN ANFANG!

1) LÖSUNG DER RÄTSEL

Die Puzzles haben ein klassisches Format :

- Die Wörter sind ohne Abstand, Bindetrich usw… versteckt
- Richtung : vor-& rückwärts, auf & ab oder in der Diagonale (beider Richtungen)
- Die Wörter können übereinanderliegen oder sich kreuzen

2) AKTIVES LERNEN

Neben jedem Wort ist ein Abstand vorgesehen zum Aufschreiben der Übersetzung. Um ihre Kenntnisse zu überprüfen und zu erweitern befindet sich am Ende des Buches ein **WÖRTERBUCH**. Suchen sie die Übersetzungen, schreiben sie sie auf, dann können sie sie in den. Puzzles suchen und ihrem Wortschatz hinzufügen.

3) ANZEICHNUNG DER WÖRTER

Haben sie schon einmal versucht eine Anzeichnung zu verwenden? Sie könnten zum Beispiel die Wörter, die schwer zu finden sind, ankreuzen, die Wörter, die sie lieben, mit einem Stern, neue Wörter mit einem Dreieck, seltene Wörter mit einem Diamant usw … anzeichnen

4) IHR LERNEN ORGANISIEREN

Am Ende dieser Ausgabe bieten wir auch ein praktisches **NOTIZBUCH** an. Ob im Urlaub, auf Reisen oder zu Hause, sie können ihr neues Wissen ganz einfach organisieren, ohne ein zweites Notizbuch zu benötigen!

5) SIND SIE AM SCHLUSS ?

Gehen sie zum Bonusbereich : **MONSTER-HERAUSFÖRDERUNG,** um ein kostenloses Spiel zu finden, das am Ende dieser Ausgabe angeboten wird !

Lust auf mehr Spaß und **Lernaktivitäten? Schnell und einfach :** eine ganze Spielbuchsammlung mit einem einzigen Klick erhaltbar :

Mit diesem Link finden sie ihre nächste Herausforderung :

BestActivityBooks.com/MeineNachsteWortsuche

Achtung, fertig, ... Los !!

Wussten sie, dass es auf der Welt ungefähr 7.000 verschiedene Sprachen gibt ? Wörter sind kostbar.

Wie lieben Sprachen und haben schwer daran gearbeitet, die Bücher von höchster Qualität für sie zu entwerfen. Unsere Zutaten ?

Eine Auswahl von angepassten Lernthemen, drei große Scheiben Spaß, dann fügen wir einen Löffel schwieriger Wörter und eine Prise seltener Wörter hinzu. Wir servieren sie mit Sorgfalt und ein Maximum an Freude, damit sie die besten Wortspiele lösen und Spaß am Lernen haben.

Ihre Meinung ist wichtig. Sie können aktiv zum Erfolg dieses Buches beitragen, indem sie uns eine Bemerkung hinterlassen. Sagen sie uns, was ihnen an dieser Ausgabe am besten gefallen hat !!

Hier ist ein kurzer Link, der sie zu ihrer Bewertungsseite führt

BestBooksActivity.com/Rezension50

Vielen Dank für ihre Hilfe und viel Spaß

Linguas Classics

1 - Ozean

```
E  N  G  U  I  A  C  M  A  R  É  S  C  C
S  J  T  K  I  N  O  S  T  R  A  Q  A  A
P  E  I  X  E  P  R  Y  U  I  P  A  R  M
O  M  T  E  K  Ç  A  O  M  S  R  P  A  A
N  E  E  U  G  O  L  F  I  N  H  O  N  R
J  D  M  J  B  T  O  X  J  B  K  L  G  Ã
A  U  P  H  A  A  Z  I  R  Ç  O  V  U  O
O  S  E  R  R  R  R  D  Ç  E  O  O  E  V
N  A  S  C  C  T  B  Ã  G  S  C  K  J  Y
D  B  T  D  O  A  H  A  O  A  J  I  O  I
A  A  A  R  Z  R  S  Q  L  L  F  X  F  I
S  Y  D  R  M  U  F  G  F  E  I  M  O  E
C  N  E  K  J  G  W  B  G  I  I  U  W  L
S  G  R  F  E  A  L  X  S  K  D  A  E  F
```

ENGUIA	POLVO
OSTRA	MEDUSA
BARCO	RECIFE
GOLFINHO	SAL
PEIXE	TARTARUGA
CAMARÃO	ESPONJA
MARÉS	TEMPESTADE
TUBARÃO	ATUM
CORAL	BALEIA
CARANGUEJO	ONDAS

2 - Schule #1

```
L  I  V  R  O  S  J  M  A  P  C  Y  B  F
A  L  M  O  Ç  O  T  A  P  R  A  U  Q  B
E  H  R  Z  C  N  D  T  R  O  N  P  U  I
Ç  X  D  X  O  Z  N  E  E  F  E  Y  E  B
J  P  A  S  T  A  S  M  N  E  T  D  S  L
I  N  O  M  S  R  E  Á  D  S  A  N  T  I
C  L  R  P  E  E  Z  T  E  S  S  O  I  O
Q  O  Á  O  A  S  M  I  R  O  Q  I  O  T
T  Y  Q  P  M  P  E  C  H  R  N  U  N  E
M  M  W  Q  I  O  S  A  D  O  Y  H  Á  C
O  F  W  P  G  S  A  C  A  D  E  I  R  A
Ç  H  L  E  O  T  Q  O  R  Y  O  J  I  Y
P  V  F  W  S  A  L  F  A  B  E  T  O  P
G  N  I  K  B  S  N  Ú  M  E  R  O  S  N
```

ALFABETO	ALMOÇO
RESPOSTAS	PASTAS
BIBLIOTECA	PAPEL
LÁPIS	EXAMES
LIVROS	QUESTIONÁRIO
AMIGOS	MESA
PROFESSOR	CANETAS
APRENDER	CADEIRA
MATEMÁTICA	NÚMEROS

3 - Meditation

```
R V E M C A L M O Y M O L P
K S Q H O L J O Ç S Ú M W F
Z T G W J V A P M K S P M H
P Q B T R Ç I R P E I F A Ç
X T K M N R B M E Ç C U T Z
A P R E N D E R E Z A U E C
T B O N D A D E Y N A P N O
T N A T U R E Z A M T C Ç M
D M M E N T A L Ç J Q O Ã P
E N S I N A M E N T O S O A
U R E H G R A T I D Ã O H I
P E R S P E C T I V A Z A X
A C E I T A Ç Ã O J V W E Ã
S I L Ê N C I O N Ç R Y G O
```

ACEITAÇÃO APRENDER
ATENÇÃO COMPAIXÃO
MOVIMENTO MÚSICA
GRATIDÃO NATUREZA
BONDADE PERSPECTIVA
PAZ CALMO
MENTAL SILÊNCIO
CLAREZA MENTE
ENSINAMENTOS

4 - Meisterschaft

```
M H J O G O S W K I D W R E
V E D M O T I V A Ç Ã O V Q
L N D M F I N A L I S T A U
R I X A V F I Q S J B M O I
E T G Q L I V Q R I O N N P
S R O A W H T D A L W C U E
I E T E C U A Ó Q O V Y M C
S I O S J Q R I R T A Z J V
T N R P J U I Z Z I X X T H
Ê A N O T S I X X E A D M N
N D E R D E S E M P E N H O
C O I T Q Q V C A M P E Ã O
I R O E S T R A T É G I A P
A B Y S C A M P E O N A T O
```

RESISTÊNCIA
CAMPEÃO
FINALISTA
LIGA
EQUIPE
MEDALHA
CAMPEONATO
MOTIVAÇÃO

DESEMPENHO
JUIZ
VITÓRIA
JOGOS
ESPORTES
ESTRATÉGIA
TREINADOR
TORNEIO

5 - Insekten

```
S  N  R  C  J  B  F  G  S  I  O  Ç  M  B
L  S  R  U  O  A  O  Q  A  S  X  G  I  B
A  E  M  P  A  R  R  R  E  U  J  U  N  A
Q  B  R  I  N  A  M  Q  B  T  Q  V  H  X
E  M  E  M  I  T  I  R  L  O  O  T  O  L
N  M  I  L  N  A  G  U  Z  T  L  L  C  O
U  V  N  D  H  O  A  B  S  T  P  E  A  U
L  A  R  V  A  A  P  U  L  G  Ã  O  T  V
V  B  X  Z  G  A  F  A  N  H  O  T  O  A
B  E  S  O  U  R  O  P  U  L  G  A  J  A
H  H  M  A  R  I  P  O  S  A  Ç  L  K  D
M  O  S  Q  U  I  T  O  P  U  E  J  J  E
T  L  I  B  É  L  U  L  A  R  J  Ç  K  U
D  L  A  V  E  S  P  A  S  M  M  F  T  S
```

FORMIGA
ABELHA
PULGÃO
PULGA
LOUVA-A-DEUS
GAFANHOTO
BARATA
BESOURO
LARVA

LIBÉLULA
JOANINHA
MARIPOSA
MOSQUITO
BORBOLETA
CUPIM
VESPA
MINHOCA

6 - Dinosaurier

```
P  V  D  E  O  H  E  R  B  Í  V  O  R  O
E  R  Ç  L  O  H  N  M  A  M  U  T  E  F
S  O  É  L  A  E  O  M  R  I  T  Z  V  Ó
P  X  N  H  I  O  R  V  É  M  A  O  O  S
É  Ç  R  Í  I  H  M  X  P  X  M  C  L  S
C  M  X  A  V  S  E  U  T  W  A  I  U  E
I  C  J  S  P  O  T  C  I  V  N  I  Ç  I
E  E  S  A  D  T  R  Ó  L  I  H  J  Ã  S
S  Y  G  S  B  M  O  O  R  C  O  I  O  A
C  A  U  D  A  Ç  C  R  S  I  D  Ç  Q  H
P  O  D  E  R  O  S  O  J  O  C  F  H  K
P  R  E  S  A  L  O  R  D  S  E  O  H  Z
C  A  R  N  Í  V  O  R  O  O  U  N  F  H
T  E  R  R  A  G  R  A  N  D  E  T  Y  L
```

ONÍVORO	GRANDE
ESPÉCIES	TAMANHO
PRESA	PODEROSO
VICIOSO	MAMUTE
ENORME	HERBÍVORO
TERRA	PRÉ-HISTÓRICO
EVOLUÇÃO	RAPTOR
CARNÍVORO	RÉPTIL
ASAS	CAUDA
FÓSSEIS	

7 - Obst

```
P  E  A  P  M  E  L  Ã  O  X  R  W  H  H
Z  B  B  Ê  A  A  B  A  C  A  X  I  C  Ç
I  K  A  S  M  V  Z  P  X  M  J  P  G  I
Ç  L  C  S  Ã  W  D  S  Ç  E  T  P  L  F
N  W  A  E  O  H  O  Ç  L  R  E  Q  A  R
E  M  T  G  L  U  A  J  I  S  P  E  R  A
C  M  E  O  I  B  D  L  B  B  Y  T  A  M
T  C  A  M  O  R  A  A  F  A  R  Q  N  B
A  E  O  Ç  E  U  M  N  N  G  Ç  U  J  O
R  R  K  C  Ã  U  A  I  A  A  V  L  A  E
I  E  I  X  O  V  S  W  G  N  R  S  G  S
N  J  W  C  W  A  C  G  O  M  A  Q  Q  A
A  A  I  T  W  N  O  A  M  E  I  X  A  N
I  I  H  C  L  I  M  Ã  O  Y  P  V  C  S
```

ABACAXI	KIWI
MAÇÃ	COCO
DAMASCO	MELÃO
ABACATE	NECTARINA
BANANA	LARANJA
BAGA	MAMÃO
PERA	PÊSSEGO
AMORA	AMEIXA
FRAMBOESA	UVA
CEREJA	LIMÃO

8 - Schule #2

```
R Y H C J W X D G C M A P K
A Ç S Q O U E H R I O Ç R A
P P C F G M T P A Ê C H O C
R Q A C O D P H M N H B F A
E L L G S Q T U Á C I I E N
N X E P A P E L T I L B S E
D E N X B D S I I A A L S T
I X D N Ç I O V C L D I O A
Z Z Á U R N U R A Á S O R S
A P R Q C D R O D P X T R J
G U I G H A A S M I C E N Ç
E R O J F U Ç O D S X C Y R
M Ô N I B U S Ã K N C A V Z
L E I T U R A D O O H S C D
```

BIBLIOTECA
EDUCAÇÃO
LÁPIS
ÔNIBUS
LIVROS
COMPUTADOR
GRAMÁTICA
CALENDÁRIO
PROFESSOR

APRENDIZAGEM
LEITURA
PAPEL
APAGADOR
MOCHILA
TESOURA
JOGOS
CANETAS
CIÊNCIA

9 - Spielzeuge

```
H  Z  J  W  N  W  Y  B  A  R  C  O  K  A
C  S  J  E  H  Ç  C  C  A  R  R  O  W  R
F  A  V  O  R  I  T  O  E  T  Q  W  A  G
I  M  A  G  I  N  A  Ç  Ã  O  E  Y  L  I
J  M  X  C  A  M  I  N  H  Ã  O  R  L  L
J  G  B  A  S  Q  E  J  K  L  I  O  I  A
Z  I  R  Q  D  E  J  O  G  O  S  B  V  A
L  P  M  F  S  R  E  J  B  O  K  Ô  R  Z
B  I  C  I  C  L  E  T  A  O  J  P  O  K
R  P  P  Z  X  E  V  Z  V  M  N  P  S  F
I  A  R  T  A  K  H  F  I  J  B  E  V  L
N  Z  R  U  C  W  O  U  Ã  E  H  V  C  K
J  C  B  O  L  A  D  H  O  F  M  L  Y  A
V  S  L  A  R  T  E  S  A  N  A  T  O  N
```

CARRO   CAMINHÃO
BOLA   IMAGINAÇÃO
BARCO   BONECA
LIVROS   ROBÔ
PIPA   XADREZ
BICICLETA   BATERIA
FAVORITO   JOGOS
AVIÃO   ARGILA
ARTESANATO

10 - Camping

```
B  Á  G  G  O  C  C  L  M  L  R  N  A  A
Ú  R  T  W  Z  H  A  U  A  A  N  Y  V  N
S  V  P  Q  B  A  B  A  P  G  C  N  E  I
S  O  D  X  M  P  I  U  A  O  O  A  N  M
O  R  Ç  P  O  É  N  G  P  C  R  T  T  A
L  E  I  A  D  U  E  T  F  H  D  U  U  I
A  S  S  F  O  G  O  N  M  F  A  R  R  S
C  A  N  O  A  H  M  I  O  Ç  V  E  A  T
F  A  K  T  Z  L  G  T  N  M  O  Z  L  B
L  D  Ç  T  B  M  W  C  T  S  T  A  M  N
P  R  D  A  Y  D  T  B  A  H  E  J  E  J
L  A  N  T  E  R  N  A  N  Z  N  T  H  E
F  L  O  R  E  S  T  A  H  Y  D  S  O  C
Z  V  Z  D  B  H  Z  C  A  M  A  L  Ç  Ç
```

AVENTURA	MAPA
ÁRVORES	BÚSSOLA
MONTANHA	LANTERNA
FOGO	LUA
MACA	NATUREZA
CHAPÉU	LAGO
INSETO	CORDA
CAÇA	ANIMAIS
CABINE	FLORESTA
CANOA	TENDA

11 - Zeit

```
S  C  Ç  T  G  H  U  B  M  G  I  S  R  A
S  M  Q  E  D  O  Y  S  I  P  V  X  S  X
S  E  P  Q  Z  R  B  Q  N  Q  I  S  W  J
M  I  M  X  V  A  N  O  U  O  N  T  E  M
A  O  Ê  A  W  N  K  C  T  G  F  I  D  D
N  D  S  O  N  U  E  A  O  O  N  Y  A  L
H  I  É  H  S  A  Ç  L  C  V  O  B  O  X
Ã  A  C  C  O  L  F  E  U  E  I  E  K  Q
Y  F  U  Y  A  J  A  N  A  N  T  E  S  S
L  I  L  T  C  D  E  D  G  D  E  T  W  S
T  G  O  N  O  P  A  Á  O  I  K  Q  Z  N
D  E  P  O  I  S  P  R  R  A  N  B  O  T
R  E  L  Ó  G  I  O  I  A  E  Y  O  E  F
F  U  T  U  R  O  O  O  B  C  E  R  O  E
```

ONTEM	MÊS
HOJE	MANHÃ
ANO	DEPOIS
SÉCULO	NOITE
DÉCADA	HORA
ANUAL	DIA
AGORA	RELÓGIO
CALENDÁRIO	ANTES
MINUTO	SEMANA
MEIO-DIA	FUTURO

12 - Säugetiere

```
B  D  H  V  W  J  Z  E  B  R  A  V  Z  H
H  J  Z  Ç  T  I  Q  T  Y  Q  X  A  H  O
P  B  U  G  D  N  C  G  O  R  I  L  A  N
M  A  C  A  C  O  A  G  L  U  C  E  G  C
K  L  N  W  Ã  H  V  U  K  R  R  Ã  I  O
L  E  B  T  O  F  A  C  A  S  T  O  R  I
V  I  E  N  E  D  L  O  B  O  T  W  A  O
T  A  F  O  S  R  O  A  Ç  P  H  N  F  T
O  I  H  Y  Y  A  A  L  R  T  K  S  A  E
V  E  G  Ç  C  P  R  A  T  O  R  U  Z  A
E  F  V  R  H  O  C  A  N  G  U  R  U  T
L  E  U  G  E  S  E  L  E  F  A  N  T  E
H  H  L  P  B  A  Q  X  X  P  V  V  J  J
A  C  Z  U  L  A  X  X  G  Y  B  K  G  E
```

MACACO	LEÃO
URSO	PANTERA
CASTOR	CAVALO
ELEFANTE	RATO
RAPOSA	OVELHA
GIRAFA	TOURO
GORILA	TIGRE
CÃO	BALEIA
CANGURU	LOBO
COIOTE	ZEBRA

13 - Astronomie

```
N  S  M  C  C  O  M  E  T  A  H  R  V  K
E  U  E  O  É  B  T  E  S  S  A  U  K  B
B  P  T  S  U  S  E  A  A  S  R  R  T
U  E  E  M  N  E  L  T  T  S  T  P  W  G
L  R  O  O  I  R  E  R  É  T  R  L  U  A
O  N  R  S  V  V  S  E  L  R  O  A  N  S
S  O  O  H  E  A  C  L  I  Ô  N  N  T  T
A  V  X  O  R  T  Ó  A  T  N  A  E  E  E
Z  A  O  P  S  Ó  P  S  E  O  U  T  R  R
L  G  V  Q  O  R  I  Q  Y  M  T  A  R  Ó
E  T  O  I  W  I  O  G  Q  O  A  H  A  I
O  G  O  Ç  F  O  G  U  E  T  E  S  U  D
P  N  D  Z  O  D  Í  A  C  O  C  M  E  E
C  O  N  S  T  E  L  A  Ç  Ã  O  P  B  M
```

ASTERÓIDE	NEBULOSA
ASTRONAUTA	OBSERVATÓRIO
ASTRÔNOMO	PLANETA
TERRA	FOGUETE
CÉU	SATÉLITE
COMETA	ESTRELA
CONSTELAÇÃO	SUPERNOVA
COSMOS	TELESCÓPIO
METEORO	ZODÍACO
LUA	UNIVERSO

14 - Ballett

```
P C O R E O G R A F I A G O
A Ú P B N V A R I T M O C N
P H B O S B A I L A R I N A
L A A L A C M Ú S C U L O S
A B R E I O B C Q H Z G W A
U I T X O C R B Q L N H M T
S L Í P I U O Q Ç S M N Ú É
O I S R F D Z R U G G I S C
J D T E S Z X Q W E E Q I N
Z A I S G R A C I O S O C I
J D C S E T F S C S T T A C
M E O I E S T I L O O Y R A
T A N V U M F C V G Ç L Y A
Y H T O D A N Ç A R I N O S
```

GRACIOSO
APLAUSO
EXPRESSIVO
BAILARINA
COREOGRAFIA
HABILIDADE
GESTO
ARTÍSTICO
MÚSICA

MÚSCULOS
ORQUESTRA
ENSAIO
PÚBLICO
RITMO
SOLO
ESTILO
DANÇARINOS
TÉCNICA

15 - Strand

```
X D H M I G O D C X S F Q O
C O S T A S O C R G O Q Ç N
B C O M Z R F A E U L Y B R
L A X O U X O R C A R E I A
A E R A L L J A I R N D L T
G F T C Y E Z N F D P O H V
O J O D O U I G E A Ç L A O
A T A M L S U U K C W R A C
X A L C M C Y E C H N D U N
F R H Z X A C J U U J M F W
N Y A F I U L O U V G M G U
V E L E I R O F O A Z T B P
S A N D Á L I A S D Ç F P U
T P Q F U Z U D Q F Ç Q H C
```

AZUL	MAR
BARCO	OCEANO
DOCA	GUARDA-CHUVA
TOALHA	RECIFE
ILHA	AREIA
CARANGUEJO	SANDÁLIAS
COSTA	VELEIRO
LAGOA	SOL

16 - Restaurant #1

```
G A C A I X A P T P G L A M
A N L O W M C O Z I N H A E
R H I E M C P S C C G D Ç N
Ç S O B R E M E S A M E P U
O C A F É G R I P N O L L I
N A S A T Ç I Q Ã T L X A A
E R D Q I R S A O E H D C M
T N Q V H E Q C S W O K A L
E E U S X S K H O X G A B K
G Ç E P L E F R A N G O B U
H B Ç B F R L B N D Q N W Y
D S G X L V M S C R O C T U
C Z N G U A R D A N A P O W
N R R X C I Y W X F A C A P
```

ALERGIA
PÃO
SOBREMESA
COMER
CARNE
FRANGO
CAFÉ
CAIXA
GARÇONETE

COZINHA
MENU
FACA
RESERVA
TIGELA
GUARDANAPO
MOLHO
PLACA
PICANTE

17 - Geologie

```
P L A T Ô Á W Z H M Ç E P C
G Z O N A C Á L C I O R E X
E E H F E I A B T N Q O D P
S Z Y Ó E D S O H E U S R T
T W J S C O A S S R A Ã A E
A K O S E O F G H A R O S R
L E M I K R N U S I T H A R
A F U L D D Ç T N S Z Q L E
C G B A Z G J Z I D O Y B M
T N F V C O R A L N I M M O
I A G A V U L C Ã O E D Q T
T O Y Q C A V E R N A N O O
E O F C Q G J O C Ç E P T J
E S T A L A G M I T E S S E
```

TERREMOTO	MINERAIS
EROSÃO	PLATÔ
FÓSSIL	QUARTZO
FUNDIDO	SAL
GEYSER	ÁCIDO
CAVERNA	ESTALAGMITES
CÁLCIO	ESTALACTITE
CONTINENTE	PEDRA
CORAL	VULCÃO
LAVA	ZONA

18 - Wissenschaft

```
H O A Y D H L N K B Y F W I
I R J Y T U A N I G M U L P
P G R P F T B V V A Q D P Ç
Ó A L J N M O L É C U L A S
T N M I N E R A I S Í F F N
E I V Q D Á A O E F M Í A A
S S P L A N T A S Y I S T T
E M F E D I Ó O M K C I O U
D O T J O I R B M É O C A R
R R F Ó S S I L Q O T A I E
Z J Q W M X O U Y J G O G Z
G R A V I D A D E V O Z D A
C L I M A E V O L U Ç Ã O O
E X P E R I Ê N C I A G Ç Z
```

ÁTOMO	MÉTODO
QUÍMICO	MINERAIS
DADOS	MOLÉCULAS
EVOLUÇÃO	NATUREZA
EXPERIÊNCIA	ORGANISMO
FÓSSIL	PLANTAS
HIPÓTESE	FÍSICA
CLIMA	GRAVIDADE
LABORATÓRIO	FATO

19 - Bildende Kunst

```
T  K  R  A  R  T  I  S  T  A  U  E  X  C
Ç  G  E  F  R  E  S  T  Ê  N  C  I  L  E
G  G  T  Z  W  G  I  Z  X  S  E  M  N  R
V  C  R  I  A  T  I  V  I  D  A  D  E  Â
X  Q  A  Y  E  N  C  L  Á  P  I  S  F  M
Q  W  T  V  H  S  U  T  A  P  K  O  I  I
B  W  O  P  Ç  O  C  A  R  V  Ã  O  L  C
P  I  N  T  U  R  A  U  I  N  O  M  M  A
V  E  R  N  I  Z  N  J  L  Z  B  E  E  D
P  X  A  R  Q  U  I  T  E  T  U  R  A  T
C  A  V  A  L  E  T  E  P  E  U  P  E  I
P  E  R  S  P  E  C  T  I  V  A  R  Z  Z
O  B  R  A  P  R  I  M  A  B  P  H  A  Q
C  E  R  A  Q  C  A  N  E  T  A  U  M  H
```

ARQUITETURA	OBRA-PRIMA
LÁPIS	PERSPECTIVA
FILME	RETRATO
PINTURA	ESTÊNCIL
CARVÃO	ESCULTURA
CERÂMICA	CAVALETE
CRIATIVIDADE	CANETA
GIZ	ARGILA
ARTISTA	CERA
VERNIZ	

20 - Sport

```
M O V I M E N T O H E A B H
G G I I L Q E S T Á D I O Ó
I I P X V U A W O F T L B Q
N N Z T M I X J X L H E I U
Á Á C A M P E O N A T O C E
S S Y J T E L G R J M Y I I
T I W R Ê L M O L Y K Q C K
I O E H N B E I S E B O L Á
C T O X I I L T Q D G T E R
A Y O S S J N G A E J B T B
G A N H A D O R O B S H A I
A B A S Q U E T E L U Ç D T
T R E I N A D O R I F L I R
J O G A D O R M T Ç B E I O
```

ATLETA	GINÁSTICA
BEISEBOL	EQUIPE
BASQUETE	CAMPEONATO
MOVIMENTO	ÁRBITRO
HÓQUEI	JOGO
BICICLETA	JOGADOR
GANHADOR	ESTÁDIO
GOLFE	TÊNIS
GINÁSIO	TREINADOR

21 - Mythologie

```
H D M O Ç W G Z E C L D A H
R E O A M E U C É U M E R A
D I R V Á M E S E L L S Q M
C C K Ó G O R E X T E A U O
I R V M I R R Z Q U N S É N
Ú I I L C T E T J R D T T S
M A X A O A I R R A A R I T
E T C A Ç L R O K O G E P R
S U N U Y Ã O T K Z V R O O
K R Ç X Ç F O R Ç A G Ã S E
L A B I R I N T O Q O E O F
B K I M O R T A L I D A D E
L M R E L Â M P A G O E C B
V I N G A N Ç A U Q Q A D Y
```

ARQUÉTIPO   CULTURA
RELÂMPAGO   LABIRINTO
TROVÃO   LENDA
CIÚMES   MÁGICO
HERÓI   MONSTRO
CÉU   VINGANÇA
DESASTRE   FORÇA
CRIAÇÃO   MORTAL
CRIATURA   IMORTALIDADE
GUERREIRO

22 - Restaurant #2

```
P  G  A  R  Ç  O  M  C  N  R  M  G  T  I
B  E  R  B  V  C  Ç  A  O  C  A  O  G  I
Á  L  I  S  A  L  S  D  A  L  U  N  L  F
G  O  W  X  O  L  A  E  P  E  H  C  L  R
U  F  U  W  E  P  S  I  E  S  L  E  E  U
A  B  E  B  I  D  A  R  R  P  E  G  R  T
M  O  A  D  F  E  L  A  I  E  G  T  G  A
A  L  L  V  R  L  A  Q  T  C  U  M  A  R
C  O  M  A  M  I  D  T  I  I  M  R  R  T
A  B  O  R  Ç  C  A  T  V  A  E  M  F  E
R  J  Ç  F  Q  I  X  H  O  R  S  L  O  K
R  M  O  N  G  O  P  V  Ç  I  H  S  I  U
Ã  D  Q  K  F  S  B  V  J  A  N  T  A  R
O  Z  I  R  Ç  O  R  E  B  S  K  Z  R  U
```

JANTAR
GELO
PEIXE
FRUTA
GARFO
LEGUMES
BEBIDA
ESPECIARIAS
GARÇOM
DELICIOSO

BOLO
COLHER
ALMOÇO
MACARRÃO
SALADA
SAL
CADEIRA
SOPA
APERITIVO
ÁGUA

23 - Ökologie

```
M N R N A T U R A L P P P J
V H D E M A R I N H O S Â M
V P P G C K E A S G F O N O
F E N B V U Z S G C W B T N
H X G F L O R A P X J R A T
F C L E T Z X S U É Q E N A
P X O O T Q Ç M O W C V O N
H K B P L A N T A S L I L H
U H A L I C Ç T F Ç I V E A
A L L S E C A Ã Z V M Ê R S
N A T U R E Z A O Z A N X N
F A U N A T R I C W D C P H
C O M U N I D A D E S I P K
N L P Q X K H A B I T A T P
```

ESPÉCIES   MARINHO
MONTANHAS   NATUREZA
SECA   NATURAL
FAUNA   PLANTAS
FLORA   RECURSOS
COMUNIDADES   PÂNTANO
GLOBAL   SOBREVIVÊNCIA
CLIMA   VEGETAÇÃO
HABITAT

24 - Schokolade

```
F A V O R I T O T L V Q F Z
M Ç C O M E R D E H I J H F
H Ú U A B Y K P O C A C A U
Y C B G R Z X F P C C R G I
O A R O M A C I Y Ó E E Q A
H R C S G U M L E I X C A M
Q W M T L M M E R G Ó E M E
C A L O R I A S L P T I A N
V A G S S E S N Z O I T R D
O G D J Q K S I Z Y C A G O
A R T E S A N A L C O C O I
S T A D E L I C I O S O N N
F A N T I O X I D A N T E S
Q R T S Q U A L I D A D E C
```

ANTIOXIDANTE
AROMA
AMARGO
AMENDOINS
COMER
EXÓTICO
FAVORITO
GOSTO
ARTESANAL
CACAU

CALORIAS
CARAMELO
COCO
DELICIOSO
PÓ
QUALIDADE
RECEITA
DOCE
AÇÚCAR

25 - Boote

```
F  E  V  K  P  G  B  V  M  A  D  O  M  H
T  S  L  N  C  J  Ó  N  P  O  I  U  A  H
L  A  R  B  O  Y  I  G  B  O  T  E  S  A
S  Ç  N  T  V  L  A  G  O  C  D  O  T  X
N  Á  U  T  I  C  O  J  J  E  K  E  R  O
Z  T  V  T  R  I  P  U  L  A  Ç  Ã  O  I
C  A  I  A  Q  U  E  J  Â  N  C  O  R  A
O  N  D  A  S  R  D  Z  A  O  R  I  O  T
F  F  Ç  W  C  O  R  D  A  N  S  G  X  E
V  F  D  I  Ç  Ç  E  V  O  D  G  B  D  U
Ç  P  D  O  V  E  L  E  I  R  O  A  R  A
X  N  W  P  C  K  O  M  A  R  W  A  D  H
Z  C  Q  Ç  B  A  L  S  A  H  K  F  M  A
C  A  N  O  A  A  R  Z  T  I  F  I  A  S
```

ÂNCORA	MAR
BÓIA	MOTOR
TRIPULAÇÃO	NÁUTICO
DOCA	OCEANO
BALSA	BOTE
JANGADA	LAGO
RIO	VELEIRO
CAIAQUE	CORDA
CANOA	ONDAS
MASTRO	IATE

26 - Stadt

```
R E S T A U R A N T E S F B
P W P U M E R C A D O A L I
V W C I P D M A Y K V L O B
Z Q Ç V T E A T R O F Ã R L
R G N I Q T R E W E A O I I
O C Y F Ç P M S D R A S O
K N Y H E G A U E T M N T T
E S C O L A D S E R Á F A E
C K L T S L A E D T C D A C
Z I Í E B E R U F P I A I A
I B N L H R I Q Q Y A L D O
Q R I E W I A Ç A I O S Ç O
B K C D M A E R O P O R T O
N W A P B A N C O X E B O S
```

FARMÁCIA   CLÍNICA
BANCO   MERCADO
PADARIA   MUSEU
BIBLIOTECA   RESTAURANTE
FLORISTA   SALÃO
AEROPORTO   ESCOLA
GALERIA   ESTÁDIO
HOTEL   SUPERMERCADO
CINEMA   TEATRO

27 - Aktivitäten

```
P  H  A  B  I  L  I  D  A  D  E  L  J  C
D  R  E  L  A  X  A  M  E  N  T  O  A  E
T  F  A  R  T  E  S  A  N  A  T  O  R  R
O  S  X  Z  P  I  N  T  U  R  A  T  D  Â
I  L  C  T  E  Z  U  P  F  C  V  A  I  M
F  O  T  O  G  R  A  F  I  A  A  T  N  I
Y  Y  V  G  Q  A  A  Z  M  A  G  I  A  C
X  K  J  Q  B  G  L  R  R  N  X  V  G  A
P  Z  Ç  I  C  U  A  E  T  U  J  I  E  P
D  R  Y  A  N  I  Z  C  N  E  O  D  M  E
M  R  F  H  K  X  E  A  B  D  G  A  N  S
J  E  U  U  F  Q  R  C  L  C  O  D  G  C
H  C  A  M  I  N  H  A  D  A  S  E  H  A
I  N  T  E  R  E  S  S  E  S  P  K  Y  I
```

ATIVIDADE	CACA
PESCA	CERÂMICA
RELAXAMENTO	ARTE
HABILIDADE	ARTESANATO
FOTOGRAFIA	LENDO
LAZER	MAGIA
JARDINAGEM	JOGOS
PINTURA	PRAZER
INTERESSES	CAMINHADA

28 - Bienen

```
H A B I T A T R A I N H A F
D I V E R S I D A D E X I R
Q O X D T L U V W A O S B U
P B E N É F I C O N N R M T
P F N N G E N E J K K S T A
A L X O K E S R F U M A Ç A
A O A G Y A E A G D E B B P
X R M N E U T O H N L X B H
U E E V T C O L M E I A D Ç
S S T D W A J A R D I M P R
B O H F Y R S N D U A X S B
U E L S L P Ó L E N G Y J O
Ç E M E C O S S I S T E M A
A S A S G U R C O Z B A S S
```

COLMEIA	ECOSSISTEMA
FLORES	PLANTAS
FLOR	PÓLEN
ASAS	FUMAÇA
FRUTA	ENXAME
JARDIM	SOL
MEL	DIVERSIDADE
INSETO	BENÉFICO
RAINHA	CERA
HABITAT	

29 - Wissenschaftliche Disziplinen

```
S  L  S  Ç  B  M  E  C  Â  N  I  C  A  T
N  E  U  R  O  L  O  G  I  A  O  G  B  E
C  O  A  S  T  R  O  N  O  M  I  A  H  R
Z  V  B  H  Â  E  C  O  L  O  G  I  A  M
B  Ç  O  V  N  H  K  Q  I  G  I  P  S  O
A  I  Z  T  I  P  Z  U  N  E  M  S  O  D
L  N  O  I  C  N  Ç  Í  G  O  U  I  C  I
C  M  A  Q  A  M  O  M  U  L  N  C  I  N
I  W  N  T  U  Q  Q  I  Í  O  O  O  O  Â
R  R  T  T  O  Í  C  C  S  G  L  L  L  M
F  B  Q  K  B  M  M  A  T  I  O  O  O  I
L  R  Ç  W  X  F  I  I  I  A  G  G  G  C
L  Q  M  E  X  T  R  A  C  A  I  I  I  A
B  I  O  L  O  G  I  A  A  A  A  A  A  V
```

ANATOMIA

ASTRONOMIA

BIOQUÍMICA

BIOLOGIA

BOTÂNICA

QUÍMICA

GEOLOGIA

IMUNOLOGIA

LINGUÍSTICA

MECÂNICA

NEUROLOGIA

ECOLOGIA

PSICOLOGIA

SOCIOLOGIA

TERMODINÂMICA

30 - Vögel

```
Z F W H U X E C V V T S X H
X Y V B J U W B J F I L C Q
P I N G U I M C O R V O A P
S A C E G O N H A A G F Á A
R T R Z N K Q S C N V B G P
S Ç D D Y W D Z U G H P U A
C U C O A G A I V O T A I G
Q G P Z F L A M I N G O A A
L B G A N S O P D B E Ç C I
P A T O V O V O O K D U O O
C I S N E Ã S O G M L V R P
G A R Ç A Q O V G J B R U Q
P E L I C A N O N N O O J I
J I T U C A N O D P Q M A Q
```

ÁGUIA	PAPAGAIO
OVO	PELICANO
PATO	PAVÃO
CORUJA	PINGUIM
FLAMINGO	GARÇA
GANSO	CISNE
FRANGO	PARDAL
CORVO	CEGONHA
CUCO	POMBO
GAIVOTA	TUCANO

31 - Garten

```
L U L A O A S Z J Á J B C C
A R B U S T O G A R A G E M
G U U T P G L I N V R A R A
O B A N C O O Ç C O D D C C
A V A R A N D A I R I M A A
A T Y L A L X E N E M A M Ç
G E C Z O B Z B H P G N A C
J R T S U F F S O O X G P E
T R A M P O L I M M Ç U Y Á
C A S M H U O G V A F E S R
I Ç U Y A E R E R R U I D P
D O B Q T D C U J A B R R L
G M E W E M O P E A M A K G
K M I V O S P M O B B A S L
```

BANCO	GRAMADO
ÁRVORE	ANCINHO
FLOR	PÁ
SOLO	MANGUEIRA
ARBUSTO	LAGOA
GARAGEM	TERRAÇO
JARDIM	TRAMPOLIM
GRAMA	VARANDA
MACA	CERCA
POMAR	

32 - Antarktis

```
C G V P E N Í N S U L A Á B
O E E P Á S S A R O S K G V
N L N O M I G R A Ç Ã O U C
T O T C G U D F N B E N A O
I A O O T R B C C F X I V T
N M S N O G A R O C H O S O
E B S S P E Í F M T T P U Y
N I H E O L A I I B E J V D
T E T R G E B G N A I M K Q
E N C V R I Ç I E X Z N P F
I T T A A R C Ç R V Z X M O
S E S Ç F A X E A Ç C V J G
N D C Ã I S Z D I S X V P W
J G T O A C Q U S J G K R G
```

BAÍA	MIGRAÇÃO
GELO	MINERAIS
CONSERVAÇÃO	TOPOGRAFIA
ROCHOSO	AMBIENTE
GEOGRAFIA	PÁSSAROS
GELEIRAS	ÁGUA
PENÍNSULA	TEMPO
CONTINENTE	VENTOS

33 - Fahren

```
M  M  X  S  L  I  C  E  N  Ç  A  C  T  U
T  O  P  Ç  E  M  A  Q  B  I  Ç  A  Ú  S
R  I  H  Z  G  G  Ç  K  W  X  Ç  R  N  P
Á  Ç  W  D  L  Á  U  R  T  M  N  R  E  G
F  R  E  I  O  S  Ç  R  R  M  O  O  L  F
E  Z  O  P  B  L  R  A  A  Ô  W  T  P  P
G  Z  N  M  S  Z  I  P  N  N  Z  U  O  E
O  E  I  T  Y  X  M  I  S  I  Ç  Ç  L  R
G  A  R  A  G  E  M  D  P  B  X  A  Í  I
L  C  L  D  T  Q  A  E  O  U  H  M  C  G
N  X  U  Q  Z  N  P  Z  R  S  Q  V  I  O
T  A  C  R  E  X  A  X  T  B  Ç  U  A  E
A  C  I  D  E  N  T  E  E  M  J  Ç  Ç  Ç
E  J  Q  G  Y  M  C  A  M  I  N  H  Ã  O
```

CARRO
FREIOS
ÔNIBUS
GARAGEM
GÁS
PERIGO
RAPIDEZ
MAPA
LICENÇA

CAMINHÃO
MOTOR
POLÍCIA
SEGURANÇA
TRANSPORTE
TÚNEL
ACIDENTE
TRÁFEGO

34 - Bücher

```
D A Y H C P O E M A L I A V
T W U C P O E S I A S N V D
Y Z Y T L S L R E Y M V E E
V B X F O L Y E D Y Y E N L
B A K S H R E H Ç F U N T N
E S C R I T O I L Ã U T U A
R É D O S B Ç S T C O I R R
O R S K T U N T Q O A V A R
M I A B Ó U S Ó U N R O Ç A
A E D Q R P D R Q T Ç Y I D
N K É P I C O I X E Z V A O
C D E F C T Z A A X J R U R
E H U M O R A D O T G W T O
P Á G I N A V V K O V U P M
```

AVENTURA
AUTOR
ÉPICO
INVENTIVO
NARRADOR
POEMA
HISTÓRIA
ESCRITO
HISTÓRICO

HUMORADO
COLEÇÃO
CONTEXTO
LEITOR
POESIA
ROMANCE
PÁGINA
SÉRIE

35 - Menschlicher Körper

```
P  A  C  Q  U  E  I  X  O  R  E  L  H  A
E  B  O  C  A  C  É  R  E  B  R  O  Ç  B
R  R  R  T  F  Y  U  B  V  K  S  K  C  N
N  Y  A  I  T  D  L  O  N  L  S  M  A  P
A  M  Ç  L  V  O  S  O  D  C  W  A  B  E
J  Q  Ã  P  B  M  R  O  S  T  O  N  E  S
O  T  O  O  T  B  W  N  E  I  W  D  Ç  C
E  P  Ç  Ç  O  R  Ç  C  O  S  D  Í  A  O
L  Z  M  Y  W  O  M  P  N  Z  D  B  O  Ç
H  X  N  L  A  U  W  H  G  F  E  U  X  O
O  S  A  N  G  U  E  Y  P  B  D  L  I  Ç
W  R  R  C  O  T  O  V  E  L  O  A  O  X
A  C  I  D  W  B  T  T  L  Í  N  G  U  A
E  G  Z  N  Z  Q  M  A  E  G  Y  Ç  H  C
```

PERNA	MANDÍBULA
SANGUE	QUEIXO
COTOVELO	JOELHO
DEDO	TORNOZELO
CÉREBRO	CABEÇA
ROSTO	BOCA
PESCOÇO	NARIZ
MÃO	ORELHA
PELE	OMBRO
CORAÇÃO	LÍNGUA

36 - Klettern

```
U  A  Ç  W  W  K  T  S  T  G  I  L  M  O
F  O  R  Ç  A  M  E  A  E  C  U  Z  M  C
A  Í  E  M  G  K  R  G  S  U  L  I  S  C
T  L  S  P  D  G  R  N  T  R  G  X  A  A
M  U  T  I  T  U  E  K  A  I  J  Ç  E  S
O  V  R  I  C  H  N  Ç  B  O  T  A  S  C
S  A  E  D  T  O  O  X  I  S  Ç  D  B  A
F  S  I  V  Ç  U  Y  X  L  I  F  V  I  V
E  K  T  H  T  X  D  C  I  D  L  M  J  E
R  F  O  P  D  L  M  E  D  A  R  M  E  R
A  H  C  A  M  I  N  H  A  D  A  A  P  N
L  D  I  G  F  L  V  I  D  E  M  P  U  A
V  X  E  C  A  P  A  C  E  T  E  A  X  J
E  S  P  E  C  I  A  L  I  S  T  A  Ç  Z
```

ATMOSFERA	MAPA
ESPECIALISTA	CURIOSIDADE
GUIAS	FÍSICO
TERRENO	ESTREITO
LUVAS	ESTABILIDADE
CAPACETE	FORÇA
ALTITUDE	BOTAS
CAVERNA	CAMINHADA

37 - Landschaften

```
C  L  G  L  F  L  Y  M  M  Ç  Y  G  I  V
M  A  E  Q  G  Ç  G  F  M  F  I  I  C  U
O  G  S  Y  S  R  O  K  J  U  R  B  E  P
N  O  K  C  V  V  I  P  P  M  U  C  B  U
T  G  N  G  A  W  T  Â  C  P  A  F  E  I
A  E  C  U  L  T  U  N  D  R  A  R  R  L
N  Y  O  X  E  A  A  T  A  A  J  G  G  H
H  S  Ç  Á  G  V  V  A  W  I  Ç  E  O  A
A  E  C  T  S  J  P  N  Z  A  X  L  L  J
F  R  X  C  U  I  S  O  E  W  R  E  F  S
S  P  E  N  Í  N  S  U  L  A  I  I  O  R
L  D  Z  C  O  L  I  N  A  U  O  R  X  E
Z  V  U  L  C  Ã  O  D  J  U  Q  A  P  Z
C  A  V  E  R  N  A  D  E  S  E  R  T  O
```

MONTANHA	MAR
ICEBERG	OÁSIS
RIO	LAGO
GEYSER	PRAIA
GELEIRA	PÂNTANO
GOLFO	VALE
PENÍNSULA	TUNDRA
CAVERNA	VULCÃO
COLINA	CASCATA
ILHA	DESERTO

38 - Abenteuer

```
E  J  C  U  N  E  P  F  D  K  T  I  B  I
X  Ç  S  E  G  U  R  A  N  Ç  A  N  P  T
C  B  B  L  R  U  E  L  Z  B  Q  C  E  I
U  H  R  Ç  Ç  L  P  E  A  H  Z  O  R  N
R  N  A  T  Y  J  A  G  E  W  V  M  I  E
S  A  V  N  K  V  R  R  D  D  I  U  G  R
Ã  V  U  A  C  K  A  I  H  F  A  M  O  Á
O  E  R  R  L  E  Ç  A  M  I  G  O  S  R
H  G  A  A  P  T  Ã  B  W  R  E  R  O  I
Y  A  I  P  Ç  R  O  Q  E  L  N  O  V  O
Z  Ç  D  E  S  T  I  N  O  L  S  V  J  G
A  Ã  N  A  T  U  R  E  Z  A  E  P  E  E
K  O  A  T  I  V  I  D  A  D  E  Z  T  V
D  I  F  I  C  U  L  D  A  D  E  U  A  P
```

ATIVIDADE
EXCURSÃO
CHANCE
ALEGRIA
AMIGOS
PERIGOSO
NATUREZA
NAVEGAÇÃO
NOVO

VIAGENS
ITINERÁRIO
BELEZA
DIFICULDADE
SEGURANÇA
BRAVURA
INCOMUM
PREPARAÇÃO
DESTINO

39 - Flugzeuge

```
I  G  N  F  Ç  H  P  A  C  C  W  H  R  T
N  B  A  L  Ã  O  I  T  Ç  L  N  É  C  U
F  D  V  Ç  X  E  L  M  Ç  Z  V  L  P  R
L  T  E  M  P  O  O  O  Ç  S  B  I  A  B
A  S  G  S  F  Z  T  S  V  W  C  C  S  U
R  B  A  E  C  Q  O  F  Q  F  O  E  S  L
H  Y  R  T  X  I  O  E  A  I  N  S  A  Ê
I  C  É  U  C  H  D  R  I  L  S  F  G  N
S  N  B  L  Z  Y  U  A  S  M  T  K  E  C
T  R  I  P  U  L  A  Ç  Ã  O  R  U  I  I
Ó  A  V  E  N  T  U  R  A  T  U  A  R  A
R  A  I  J  D  Ç  V  O  T  O  Ç  A  O  A
I  X  Ç  P  O  U  J  G  U  R  Ã  O  D  U
A  H  I  D  R  O  G  Ê  N  I  O  R  I  C
```

AVENTURA	AR
DESCIDA	MOTOR
ATMOSFERA	NAVEGAR
INFLAR	PASSAGEIRO
BALÃO	PILOTO
TRIPULAÇÃO	HÉLICES
HISTÓRIA	TURBULÊNCIA
CÉU	HIDROGÊNIO
ALTURA	TEMPO
CONSTRUÇÃO	

40 - Haartypen

```
P G B A R O M B M C N U W C
R T R A N Ç A S N Q C S P A
A Y A O M A R R O M O S A C
T Y N Q S T R A N Ç A D O H
A Ç C Z L S U A V E W H O
P Ç O C O L O R I C V Q F S
F R P F I N O X L A D X S E
D L E Z R T D L N R F B M C
V M Q T O Ç S U T E K J W O
Y S F Ç O H N V L C U R T O
S A U D Á V E L O A N J Y J
C I N Z A J O I N F D F X K
Q K Ç Ç U B H Ç G E C O O E
Z E N C A R A C O L A D O N
```

LOIRO	LONGO
MARROM	CACHOS
GROSSO	ENCARACOLADO
FINO	PRETO
COLORI	PRATA
TRANÇADO	SECO
SAUDÁVEL	SUAVE
CINZA	BRANCO
CARECA	ONDULADO
CURTO	TRANÇAS

41 - Essen #1

```
C A N E L A T U M L X L C T
X A L H O Q J I V D H I E P
S Ç R S P C I M P E X M B W
A G W N P A W S O P A Ã O O
L Ç S W E F O E T R Ç O L R
R Ç Ú Y R É S U C O A I A C
U A G C A V A L Z U J N D T
E M P J A W L L E I T E G R
C E N O U R A D E F H C D O
J N A O Ç Q D L O A G U E X
Ç D B R I O A Z I P C Q N U
N O O E S P I N A F R E N G
B I M H N C H Q F W H N I C
Y M A N J E R I C Ã O P Z K
```

MANJERICÃO
PERA
MORANGO
AMENDOIM
CARNE
CAFÉ
CENOURA
ALHO
LEITE
NABO

SUCO
SALADA
SAL
ESPINAFRE
SOPA
ATUM
CANELA
LIMÃO
AÇÚCAR
CEBOLA

42 - Gebäude

```
H  T  O  R  R  E  Z  G  T  E  N  D  A  F
W  O  C  I  N  E  M  A  U  Y  T  B  I  Ç
H  F  S  P  U  J  G  R  C  A  B  I  N  E
K  A  U  P  N  Ç  W  A  W  C  L  X  A  E
E  Z  P  E  I  Z  M  G  T  E  A  T  R  O
S  E  E  M  V  T  B  E  H  L  B  U  V  J
T  N  R  B  E  M  A  M  O  E  O  I  H  R
Á  D  M  A  R  M  L  L  T  I  R  F  Z  B
D  A  E  I  S  U  B  H  E  R  A  L  T  E
I  X  R  X  I  S  E  B  L  O  T  Q  G  H
O  K  C  A  D  E  R  V  E  T  Ó  H  N  V
T  M  A  D  A  U  G  F  Á  B  R  I  C  A
E  E  D  A  D  A  U  P  R  W  I  E  G  R
X  U  O  R  E  T  E  E  S  C  O  L  A  Q
```

FAZENDA	MUSEU
EMBAIXADA	CELEIRO
FÁBRICA	ESCOLA
GARAGEM	ESTÁDIO
ALBERGUE	SUPERMERCADO
HOTEL	TEATRO
CABINE	TORRE
CINEMA	UNIVERSIDADE
HOSPITAL	TENDA
LABORATÓRIO	

43 - Angeln

```
E  Q  U  I  P  A  M  E  N  T  O  M  K  E
A  T  P  D  C  A  G  F  Z  D  Ç  T  C  X
A  O  R  Q  H  M  A  N  D  Í  B  U  L  A
T  L  A  G  O  J  N  W  J  P  A  W  P  G
T  T  I  Ç  L  P  C  N  C  M  R  O  A  E
S  E  A  E  Ç  K  H  H  W  E  C  C  C  R
Y  V  M  J  V  M  O  L  X  S  O  E  I  O
J  R  C  P  W  M  F  G  K  U  A  A  Ê  L
Y  T  Y  C  O  Z  I  N  H  A  R  N  N  J
I  Z  K  E  P  R  O  Z  S  R  G  O  C  P
S  S  P  S  E  O  A  L  Z  Z  K  Á  I  A
F  M  C  T  S  Q  I  D  R  Ç  W  G  A  T
T  R  K  A  O  Z  J  L  A  I  Ç  U  L  H
B  A  R  B  A  T  A  N  A  S  O  A  Q  C
```

EQUIPAMENTO	MANDÍBULA
BARCO	COZINHAR
FIO	CESTA
BARBATANAS	ISCA
RIO	OCEANO
PACIÊNCIA	LAGO
PESO	PRAIA
GANCHO	EXAGERO
TEMPORADA	ÁGUA

44 - Regenwald

```
M I H G W R R E F Ú G I O D
U N L T Z E S P É C I E S I
S D Ç Q O S N W P Q C G N V
G Í P B L P V U V Q O B A E
O G Z V C E B G V J M P T R
I E V A L I O S O E U Á U S
N N G X I T T R B W N S R I
S A K T M O Â E B F I S E D
E K R H A S N C F Y D A Z A
T A N F Í B I O S F A R A D
O R B X F M C D T P D O L E
S E L V A M O W O X E S S Y
S O B R E V I V Ê N C I A P
M A M Í F E R O S B M M H Y
```

ANFÍBIOS
ESPÉCIES
BOTÂNICO
SELVA
INDÍGENA
COMUNIDADE
INSETOS
CLIMA
MUSGO

NATUREZA
RESPEITO
MAMÍFEROS
SOBREVIVÊNCIA
DIVERSIDADE
PÁSSAROS
VALIOSO
NUVENS
REFÚGIO

45 - Essen #2

```
B T A L C A C H O F R A Q B
C R P J O O R P O P Ã O K E
E I Ó Ç L Ç K R I M A Ç Ã R
R G R C C H O C O L A T E I
E O J K O U D V G Z V J T N
J L A G Ç L D Q U E I J O G
A X Ç N Q C I L R B T M M E
Ç O O J Z V X S T A C X A L
P R E S U N T O E S O C T A
E F B A N A N A I P O V E M
I G G A M Ê N D O A R L O V
X A D U Ç B Z I E R J X T T
E C A Z Q D I S P G G L Y X
C C C O G U M E L O O U W E
```

MAÇÃ
ALCACHOFRA
BERINGELA
BANANA
BRÓCOLIS
PÃO
OVO
PEIXE
IOGURTE
QUEIJO

CEREJA
AMÊNDOA
COGUMELO
ARROZ
PRESUNTO
CHOCOLATE
AIPO
ASPARGO
TOMATE
TRIGO

46 - Familie

```
L G M P U L E S M I D O Y S
J U X A C A K P A T E R N O
L Y Ç I R M Ã R T V P J S B
Y O Y N I I T B E F Ô H W R
Z K L F A Y D R R I D I E I
M Ã E Â N E T O N L R Y A N
S K D N Ç I S E O H I M Y H
O N E C A V W S C A J Y Ã O
B M Z I T I O P R I M O J O
R K H A N L D O Z R C Z A T
I I F N Q Q M S Y Ç Ç D L I
N Y W O G B U A F A V Ó Z A
H V K D M Q E L Q S B M U B
A N T E P A S S A D O B I Q
```

IRMÃO   SOBRINHO
ESPOSA   SOBRINHA
MARIDO   TIO
NETO   IRMÃ
AVÓ   TIA
AVÔ   FILHA
CRIANÇA   PAI
INFÂNCIA   PATERNO
MÃE   PRIMO
MATERNO   ANTEPASSADO

47 - Pflanzen

```
F  Q  O  X  B  J  W  W  E  K  T  F  A  C
L  F  Z  F  J  A  A  B  T  F  L  O  R  A
O  G  H  H  P  H  G  R  J  I  K  L  F  C
R  J  I  U  É  A  T  A  D  T  W  H  E  T
V  E  G  E  T  A  Ç  Ã  O  I  M  A  R  O
H  E  R  A  A  W  T  G  D  B  M  G  T  B
E  J  R  Y  L  F  Y  Y  H  A  U  E  I  O
G  R  A  M  A  L  Á  N  Z  M  S  M  L  T
F  E  I  J  Ã  O  A  R  O  B  G  T  I  Â
Z  F  Z  Q  B  R  D  P  V  U  O  S  Z  N
H  X  B  K  B  E  R  V  A  O  Z  D  A  I
W  D  W  V  U  S  B  G  V  R  R  H  N  C
A  R  B  U  S  T  O  L  H  Z  Z  E  T  A
A  C  O  W  D  A  T  T  C  E  E  F  E  Y
```

BAMBU	FLORA
ÁRVORE	JARDIM
BAGA	GRAMA
FLOR	CACTO
PÉTALA	ERVA
FEIJÃO	FOLHAGEM
BOTÂNICA	MUSGO
ARBUSTO	VEGETAÇÃO
FERTILIZANTE	FLORESTA
HERA	RAIZ

48 - Kunst

```
C P O E S I A R X V Y V H D
O B E J D E H J M C R I A R
M R Q S H U M O R H Ç S K P
P C I I S I V E N B I U N I
L E E G G O Ç V I E N A E N
E R N T I W A B D S S L Y T
X Â G Z O N U L C C P T D U
O M G M R G A H F U I F O R
V I A Q S H E L Y L R Z I A
J C S Ç R E T R A T A R Ç S
T A S Í M B O L O U D G C V
S U J E I T O P U R O I W A
X S I M P L E S J A N B Y G
S U R R E A L I S M O S W G
```

HONESTO
SIMPLES
SUJEITO
PINTURAS
INSPIRADO
CERÂMICA
COMPLEXO
ORIGINAL
PESSOAL

POESIA
RETRATAR
CRIAR
ESCULTURA
HUMOR
SURREALISMO
SÍMBOLO
VISUAL

49 - Gewürze

```
R K M P Á P R I C A L H O A
S C P Ç I Ç T Z A M J Ç O Ç
C B A I Ç M Ç P R A Ç A F A
N A O H J M E P I R O N G F
F U N C H O E N L G G I N R
J N A E Z Y N V T O E S O Ã
W I T R L E K W E A N A Z O
E L W C R A V O T L G B M C
I H Ç D C C F I D C I O O E
C A R D A M O M O A B R S B
J U Z A M U C K K Ç R Q C O
M L Z E W Ç A W D U E R A L
S A L I D D O C E Z I S D A
B D E F Ç O D B C N Y B A K
```

ANIS	CRAVO
AMARGO	PÁPRICA
CARIL	PIMENTA
FUNCHO	AÇAFRÃO
SABOR	SAL
GENGIBRE	AZEDO
CARDAMOMO	DOCE
ALHO	BAUNILHA
ALCAÇUZ	CANELA
NOZ-MOSCADA	CEBOLA

50 - Gemüse

```
H  E  I  S  R  M  N  T  Y  L  X  Y  Y  C
F  S  G  A  J  S  E  N  O  L  I  V  A  O
P  P  E  L  X  S  B  W  B  M  A  B  Q  U
E  I  N  A  C  S  A  I  P  O  A  J  D  V
R  N  G  D  O  A  T  L  Ç  C  B  T  B  E
V  A  I  A  G  L  A  W  S  K  Ó  C  E  F
I  F  B  Q  U  H  T  V  L  A  B  E  R  L
L  R  R  V  M  O  A  T  G  T  O  N  I  O
H  E  E  R  E  L  P  G  N  S  R  O  N  R
A  H  F  C  L  G  Q  E  Y  F  A  U  G  C
T  C  E  B  O  L  A  T  P  E  J  R  E  S
D  F  N  A  B  O  J  Q  V  I  B  A  L  F
A  L  C  A  C  H  O  F  R  A  N  S  A  B
B  R  Ó  C  O  L  I  S  V  Q  P  O  L  Ç
```

ALCACHOFRA	ABÓBORA
BERINGELA	OLIVA
COUVE-FLOR	SALSA
BRÓCOLIS	COGUMELO
ERVILHA	NABO
PEPINO	SALADA
GENGIBRE	AIPO
CENOURA	ESPINAFRE
BATATA	TOMATE
ALHO	CEBOLA

51 - Katzen

```
E  P  E  R  S  O  N  A  L  I  D  A  D  E
N  D  C  A  Ç  A  D  O  R  M  L  V  H  T
G  N  U  E  L  F  I  O  G  O  G  S  X  E
R  D  R  B  R  I  N  C  A  L  H  Ã  O  I
A  O  I  Y  S  S  D  A  R  P  O  J  D  J
Ç  R  O  V  E  V  E  U  R  X  E  U  Y  F
A  M  S  P  L  Ç  P  D  A  B  T  L  C  Z
D  I  O  A  V  Y  E  A  L  U  Í  C  E  O
O  R  F  T  A  V  N  Z  V  L  M  P  I  Q
J  M  O  A  G  Ç  D  Ç  X  L  I  D  S  G
L  L  O  E  E  J  E  N  Z  A  D  Ç  Ç  O
D  C  H  U  M  C  N  A  H  O  O  F  Z  S
Y  Ç  C  L  S  P  T  A  F  H  P  D  M  P
M  I  Ç  Y  S  E  E  H  R  L  H  G  Y  K
```

PELE	PATA
FIO	DORMIR
CAÇADOR	TÍMIDO
ENGRAÇADO	CAUDA
GARRA	INDEPENDENTE
MOUSE	LOUCO
CURIOSO	BRINCALHÃO
PERSONALIDADE	SELVAGEM

52 - Tanzen

```
Ç  C  A  P  L  M  R  E  G  P  C  X  M  X
W  G  U  W  D  V  O  I  E  W  C  F  Ú  T
A  M  K  L  J  L  V  V  T  H  H  N  S  R
A  V  Z  F  T  C  N  D  I  M  X  O  I  A
L  C  U  L  T  U  R  A  L  M  O  C  C  D
E  M  O  Ç  Ã  O  R  C  Z  W  E  F  A  I
G  R  A  Ç  A  Q  F  A  B  Z  P  N  R  C
R  A  C  A  D  E  M  I  A  G  O  X  T  I
E  X  P  R  E  S  S  I  V  O  S  N  E  O
N  C  C  L  Á  S  S  I  C  O  T  C  M  N
S  O  J  I  R  S  G  V  I  S  U  A  L  A
A  R  S  L  P  A  R  C  E  I  R  O  Q  L
I  P  N  C  O  R  E  O  G  R  A  F  I  A
O  O  J  Y  Y  I  I  S  A  L  T  A  R  T
```

ACADEMIA	CULTURA
GRAÇA	CULTURAL
EXPRESSIVO	ARTE
MOVIMENTO	MÚSICA
COREOGRAFIA	PARCEIRO
EMOÇÃO	ENSAIO
ALEGRE	RITMO
POSTURA	SALTAR
CLÁSSICO	TRADICIONAL
CORPO	VISUAL

53 - Ernährung

```
A  M  A  R  G  O  A  C  D  F  R  R  G  E
R  N  P  L  Q  U  A  L  I  D  A  D  E  Q
Q  C  E  R  E  A  L  P  G  S  F  P  C  U
S  A  U  D  Á  V  E  L  E  A  E  R  A  I
C  L  Q  F  T  N  C  Q  S  B  R  O  R  L
Q  O  M  A  S  O  E  M  T  O  M  T  B  I
M  R  M  P  Z  A  X  A  Ã  R  E  E  O  B
F  I  O  E  E  Z  Ú  I  O  X  N  Í  I  R
K  A  L  T  S  T  P  D  N  F  T  N  D  A
Q  S  H  I  A  T  N  Z  E  A  A  A  R  D
B  Z  O  T  Q  D  Í  I  R  S  Ç  S  A  O
Ç  U  D  E  Q  H  Ç  V  A  U  Ã  Ç  T  G
D  I  E  T  A  C  M  P  E  S  O  U  O  S
N  U  T  R  I  E  N  T  E  L  U  Z  S  E
```

APETITE
EQUILIBRADO
AMARGO
DIETA
COMESTÍVEL
FERMENTAÇÃO
SABOR
SAUDÁVEL
SAÚDE
CEREAL

PESO
CALORIAS
CARBOIDRATOS
NUTRIENTE
PROTEÍNAS
QUALIDADE
MOLHO
TOXINA
DIGESTÃO

54 - Technologie

```
D  Ç  E  B  Y  T  E  S  K  B  F  Q  T  S
D  Q  I  N  T  E  R  N  E  T  L  Q  B  E
F  Y  U  H  T  L  N  W  M  C  A  O  X  G
Ç  I  R  Ç  D  A  D  O  S  O  D  N  G  U
V  I  R  T  U  A  L  Q  I  M  I  B  N  R
Í  V  N  S  F  W  Ç  N  Ç  P  G  A  O  A
R  E  Q  M  O  Z  A  R  Q  U  I  V  O  N
U  U  S  F  N  F  Ç  L  E  T  T  C  C  Ç
S  S  D  E  T  O  T  C  S  A  A  U  Â  A
K  H  O  F  E  R  O  W  A  D  L  R  M  K
M  E  N  S  A  G  E  M  A  O  P  S  E  S
N  A  V  E  G  A  D  O  R  R  F  O  R  Ç
P  E  S  Q  U  I  S  A  Q  Ç  E  R  A  O
E  S  T  A  T  Í  S  T  I  C  A  S  D  A
```

TELA	INTERNET
BLOG	CÂMERA
NAVEGADOR	MENSAGEM
BYTES	FONTE
COMPUTADOR	SEGURANÇA
CURSOR	SOFTWARE
ARQUIVO	ESTATÍSTICAS
DADOS	VIRTUAL
DIGITAL	VÍRUS
PESQUISA	

55 - Wasser

```
G E A D A B Y P A E B Y L G
O N D A S G F O P V I V Q E
O H I K H Z L T C A N A L Y
N X Y F N X M Á H P U P A S
F C U G E L O V U O N O G E
U C F L V D N E V R D R O R
M L C F E T Ç L A A A C C C
V E X K V B Ã H V Ç Ç Y E D
F Ç Y G B T O T Z Ã Ã A A C
C H U V E I R O F O O I N M
U M I D A D E R E Q M V O G
F U R A C Ã O K I O P W R R
P I R R I G A Ç Ã O D A A G
K I V F S Ç C Ç S L R D I A
```

IRRIGAÇÃO	CANAL
VAPOR	MONÇÃO
CHUVEIRO	OCEANO
GELO	CHUVA
UMIDADE	NEVE
RIO	LAGO
INUNDAÇÃO	POTÁVEL
GEADA	EVAPORAÇÃO
GEYSER	ONDAS
FURACÃO	

56 - Science Fiction

```
U F I M A G I N Á R I O S Ç
T Y A T E C N O L O G I A P
O C E N Á R I O R Á C U L O
P E C P T E X T R E M O B V
I N I L S Á R E A L I S T A
A E N A M I S T E R I O S O
M X E N R L O T A P Q R L D
I P M E C Z G L I V R O S I
D L A T W Ç A R Q C F B W S
I O U A C K L M Z S O Ô E T
P S Ç S R R Á R U S G S M O
D Ã E H Ã S X X R N O F C P
F O E F Y O I W K F D J Q I
T I V O I J A E Z Y T O I A
```

LIVROS
DISTOPIA
EXPLOSÃO
EXTREMO
FANTÁSTICO
FOGO
GALÁXIA
MISTERIOSO
ILUSÃO
IMAGINÁRIO

CINEMA
ORÁCULO
PLANETA
REALISTA
ROBÔS
CENÁRIO
TECNOLOGIA
UTOPIA
MUNDO

57 - Haustiere

```
U  C  A  U  D  A  Z  X  O  Q  G  C  W  G
N  Ã  P  H  F  O  D  M  D  Q  A  A  G  Q
C  O  E  L  H  O  V  Á  Z  P  T  C  D  H
X  J  I  K  J  Z  E  G  A  N  I  H  C  K
G  T  X  A  E  C  T  U  V  V  N  O  E  K
A  A  E  W  Z  B  E  A  D  A  H  R  C  J
H  R  T  A  D  K  R  L  O  C  O  R  A  G
A  T  G  O  P  K  I  M  A  A  Y  O  B  Z
M  A  A  T  E  E  N  L  O  G  W  I  R  Q
S  R  R  B  E  Q  Á  M  I  U  A  Z  A  U
T  U  R  E  W  V  R  Y  K  G  S  R  Y  A
E  G  A  L  A  I  I  X  O  A  E  E  T  T
R  A  S  U  O  C  O  L  A  R  I  N  H  O
M  C  Y  Y  A  Z  P  A  P  A  G  A  I  O
```

LAGARTO	VACA
PEIXE	MOUSE
HAMSTER	PAPAGAIO
COELHO	TARTARUGA
CÃO	CAUDA
GATO	VETERINÁRIO
GATINHO	ÁGUA
COLARINHO	CACHORRO
GARRAS	CABRA

58 - Geburtstag

```
A M T G I B H M H K E T Q M
P F F C L J O V E M J E U G
R E Ç V A N O L M O L M Y Q
E E P I L K I Ç O S T P R C
N C A L E N D Á R I O O F A
D A M I G O S I N Y G Z Z R
E E S E R Y J U D O M R K T
R F G C E J F E L I Z D V Õ
V Y Z D E S P E C I A L V E
X I N B M R C O N V I T E S
V E L A S A B E D O R I A X
F C Z B Z L N H C A N Ç Ã O
J C E L E B R A Ç Ã O X L I
D L O D F O N N Ç N O K R T
```

CONVITES   CARTÕES
CELEBRAÇÃO VELAS
ALEGRE   BOLO
AMIGOS   APRENDER
NASCER   CANÇÃO
DOM   ESPECIAL
FELIZ   DIA
ANO   SABEDORIA
JOVEM   TEMPO
CALENDÁRIO

59 - Literatur

```
K  A  T  P  D  P  Ç  R  Q  F  R  D  A  R
O  U  Y  O  M  E  O  P  A  V  I  I  N  O
S  R  W  É  T  C  S  E  E  S  T  Á  Á  M
Q  M  O  T  E  O  M  C  M  C  M  L  L  A
V  N  A  I  M  N  S  E  R  A  O  O  I  N
Ç  A  N  C  A  C  O  S  T  I  O  G  S  C
A  R  A  O  S  L  C  T  A  Á  Ç  O  E  E
N  R  L  G  E  U  B  I  C  Q  F  Ã  J  J
E  A  O  I  L  S  E  L  M  K  Q  O  O  X
D  D  G  W  L  Ã  O  O  U  U  P  H  R  R
O  O  I  B  I  O  G  R  A  F  I  A  N  A
T  R  A  G  É  D  I  A  R  I  M  A  D  J
A  U  T  O  R  F  F  I  C  Ç  Ã  O  W  Y
C  O  M  P  A  R  A  Ç  Ã  O  W  L  N  Q
```

ANALOGIA	METÁFORA
ANÁLISE	POÉTICO
ANEDOTA	RIMA
AUTOR	RITMO
DESCRIÇÃO	ROMANCE
BIOGRAFIA	CONCLUSÃO
DIÁLOGO	ESTILO
NARRADOR	TEMA
FICÇÃO	TRAGÉDIA
POEMA	COMPARAÇÃO

60 - Wandern

```
A C A M P A M E N T O P I B
C L I M A N N A T U R E Z A
V P O O W I P E M Q S R P O
W C T C U M E B K T Y I R R
Q Z Á G U A D S O L R G E I
S M Y R S I R U M T F O P E
M V V P E S A D O E A S A N
F P T E P F S B N M P S R T
C A N S A D O Z T P G F A A
M A P A X F A L A O U Y Ç Ç
S E L V A G E M N H I K Ã Ã
O D X J F C W Y H B A Q O O
U F Z G H I V I A C S B A U
P E N H A S C O D E Z D K G
```

MONTANHA	ORIENTAÇÃO
ACAMPAMENTO	PESADO
GUIAS	SOL
PERIGOS	PEDRAS
CUME	BOTAS
MAPA	ANIMAIS
CLIMA	PREPARAÇÃO
PENHASCO	ÁGUA
CANSADO	TEMPO
NATUREZA	SELVAGEM

61 - Länder #2

```
Q  J  K  L  N  E  Ç  M  P  U  E  G  J  X
U  F  G  I  M  B  S  I  G  T  T  R  A  B
Ê  V  C  B  M  D  H  Y  Ç  P  I  É  M  B
N  U  M  É  X  I  C  O  Y  I  Ó  C  A  Z
I  U  C  R  Â  N  I  A  K  L  P  I  I  V
A  A  J  I  R  Ú  S  S  I  A  I  A  C  N
I  X  H  A  I  T  I  N  S  O  A  F  A  E
Q  X  N  L  P  A  Q  U  I  S  T  Ã  O  P
V  M  V  Z  P  Ã  D  A  R  G  F  Ç  U  A
F  R  A  N  Ç  A  O  O  L  D  É  R  R  L
M  N  U  D  S  Í  R  I  A  R  G  R  F  U
I  A  L  B  Â  N  I  A  N  H  D  X  I  L
U  G  A  N  D  A  S  U  D  Ã  O  M  T  A
M  K  N  W  B  A  O  Q  A  X  A  Z  Z  C
```

ALBÂNIA	LIBÉRIA
ETIÓPIA	MÉXICO
FRANÇA	NEPAL
GRÉCIA	NIGÉRIA
HAITI	PAQUISTÃO
IRLANDA	RÚSSIA
JAMAICA	SUDÃO
JAPÃO	SÍRIA
QUÊNIA	UGANDA
LAOS	UCRÂNIA

62 - Fahrzeuge

```
H  H  Q  W  A  L  F  O  G  U  E  T  E  A
G  C  S  U  B  M  A  R  I  N  O  H  Ô  M
Z  F  A  B  E  M  V  M  O  T  O  R  N  B
R  U  J  Ç  D  B  E  F  B  A  P  N  I  U
T  R  A  T  O  R  I  T  G  R  N  Y  B  L
C  G  N  M  X  O  I  C  R  X  E  X  U  Â
A  Ã  G  Z  K  V  Y  A  I  Ô  U  T  S  N
R  O  A  V  I  Ã  O  M  T  C  S  Y  A  C
R  K  D  K  Q  B  U  I  Á  S  L  O  N  I
O  B  A  L  S  A  A  N  X  W  B  E  T  A
J  S  P  B  H  R  I  H  I  K  R  Ç  T  Ç
U  H  N  B  Ç  C  X  Ã  C  B  S  Z  J  A
T  B  M  E  J  O  F  O  H  O  Z  N  Z  D
H  E  L  I  C  Ó  P  T  E  R  O  E  C  Q
```

CARRO	MOTOR
BARCO	FOGUETE
ÔNIBUS	PNEUS
BICICLETA	LAMBRETA
BALSA	TÁXI
JANGADA	TRATOR
AVIÃO	METRÔ
HELICÓPTERO	SUBMARINO
AMBULÂNCIA	FURGÃO
CAMINHÃO	

63 - Badezimmer

```
A  I  T  R  H  E  F  Y  N  H  Y  X  T  T
J  L  L  A  H  Á  W  X  A  W  Z  G  O  A
A  A  N  F  R  G  E  S  G  Z  L  B  R  P
J  X  E  C  H  U  V  E  I  R  O  O  N  E
W  A  E  T  O  A  L  H  A  Y  Ç  L  E  T
B  M  S  S  E  B  B  I  Q  D  Ã  H  I  E
A  P  P  E  P  S  A  Q  F  P  O  A  R  S
N  U  E  J  E  O  O  N  E  E  T  S  A  Y
H  Y  L  W  R  C  N  U  H  V  A  P  O  R
E  Q  H  A  F  N  L  J  R  O  T  R  M  R
I  P  O  X  U  B  A  P  A  A  E  N  J  L
R  E  J  T  M  H  X  T  W  P  L  R  D  S
O  O  E  J  E  U  R  U  E  S  Ç  F  H  G
U  W  T  K  M  C  S  A  B  Ã  O  O  B  H
```

BANHO	ESPONJA
BOLHAS	SABÃO
VAPOR	XAMPU
CHUVEIRO	ESPELHO
TOALHA	TAPETE
LOÇÃO	BANHEIRO
PERFUME	ÁGUA
TESOURA	TORNEIRA

64 - Musikinstrumente

```
T O B O É B S A X O F O N E
C R Q O F A T R O M P E T E
L O O I A N D P V I O L Ã O
A H H M N J L I T U Q F E K
R R A I B O B A N D O L I M
I A M F F O Q N N V E A P F
N V I O L I N O O B O U A A
E G X C W M J E T B H T N G
T G E Z D X N H A R P A D O
E M A R I M B A M J T N E T
K Ç C I O D A C B I X I I E
G W T K T B X G O N G O R B
M F Z B X A J G R V F X O O
V I O L O N C E L O B L R D
```

BANJO
VIOLONCELO
FAGOTE
FLAUTA
VIOLINO
VIOLÃO
GONGO
HARPA
CLARINETE
PIANO

BANDOLIM
MARIMBA
GAITA
OBOÉ
TROMBONE
SAXOFONE
PANDEIRO
TAMBOR
TROMPETE

65 - Blumen

```
U  Ç  Q  R  G  J  J  H  M  M  C  K  T  B
P  B  R  U  O  A  O  I  A  A  P  Ç  G  U
E  Q  Ç  B  R  S  P  B  R  G  L  Y  I  Q
H  O  Y  T  Q  M  A  I  G  N  U  E  R  U
Y  Ç  D  R  U  I  P  S  A  Ó  M  I  A  Ê
T  B  H  E  Í  M  O  C  R  L  E  O  S  Z
G  R  I  V  D  C  U  O  I  I  R  L  S  J
A  F  A  O  E  H  L  A  D  A  I  A  O  Q
R  P  W  Z  A  P  A  S  A  W  A  V  L  P
D  E  N  T  E  D  E  L  E  Ã  O  A  Í  E
Ê  Ô  Z  D  H  Z  C  C  I  E  F  N  R  M
N  N  W  V  R  V  Q  C  H  L  L  D  I  F
I  I  T  U  L  I  P  A  M  M  Á  A  O  C
A  A  P  É  T  A  L  A  G  V  Ç  S  D  K
```

PÉTALA	MAGNÓLIA
GARDÊNIA	PAPOULA
MARGARIDA	ORQUÍDEA
HIBISCO	PEÔNIA
JASMIM	PLUMERIA
TREVO	ROSA
LAVANDA	GIRASSOL
LILÁS	BUQUÊ
LÍRIO	TULIPA
DENTE-DE-LEÃO	

66 - Natur

```
N  S  A  B  R  I  G  O  S  A  A  R  Z  D
K  E  R  B  B  F  L  O  R  E  S  T  A  I
Z  L  V  G  E  L  E  I  R  A  O  Z  T  N
H  V  D  O  L  L  S  E  R  E  N  O  R  Â
O  A  P  A  E  R  H  E  R  O  S  Ã  O  M
Q  G  A  Ç  Z  I  M  A  V  H  V  A  P  I
K  E  C  Y  A  O  R  N  S  S  I  U  I  C
D  M  Í  D  G  A  V  O  Á  R  T  I  C  O
W  S  F  O  L  H  A  G  E  M  A  H  A  Z
X  D  I  A  N  I  M  A  I  S  L  G  L  C
Y  Y  C  M  O  N  T  A  N  H  A  S  T  S
D  Y  O  S  A  N  T  U  Á  R  I  O  B  Y
V  P  Y  P  C  J  D  E  S  E  R  T  O  X
O  S  S  Z  Ç  U  Ç  F  X  H  C  F  V  Ç
```

ÁRTICO	FOLHAGEM
MONTANHAS	VITAL
ABELHAS	NEVOEIRO
DINÂMICO	BELEZA
EROSÃO	ABRIGO
RIO	ANIMAIS
PACÍFICO	TROPICAL
GELEIRA	FLORESTA
SANTUÁRIO	SELVAGEM
SERENO	DESERTO

67 - Urlaub #2

```
E C A F F F O T O S P O Y Z
T S G V O W P R A I A O X S
R E T E N D A D E S T I N O
A D U R E S T A U R A N T E
N M P I A E N N Ç X M K Á V
S O A Ç L N G U E Q S V X I
P N S R V H G L R Y U F I S
O T S N L W A E X I H S P T
R A A M A P A V I A G E M O
T N P F Z Ç A Q X R O Q Y E
E H O T E L J U C L O B B F
M A R Ç R F E R I A D O U G
M S T A C A M P A M E N T O
F A E R O P O R T O W O S Ç
```

ESTRANGEIRO	PASSAPORTE
MONTANHAS	VIAGEM
ACAMPAMENTO	RESTAURANTE
AEROPORTO	PRAIA
FOTOS	TÁXI
LAZER	TRANSPORTE
HOTEL	FERIADO
ILHA	VISTO
MAPA	TENDA
MAR	DESTINO

68 - Zirkus

```
L E Ã O B V M I M A G I A Y
E L E F A N T E Á Ç Q L P X
D E S F I L E K G Q O U D D
M Ú S I C A B B I L H E T E
Ç Ç B A W U J F C T I G R E
A C R O B A T A O N B T U N
A E S P E T A C U L A R Q T
T N N E N O E C Z M L P U R
X R I D A S U N I A Õ A E E
E T A M M P Y L D C E L V T
F I N J A V Ç R H A S H J E
I K O U E I N G R C Ç A M R
Y R Z D G J S V H O V Ç O M
M A L A B A R I S T A O X F
```

MACACO	MÚSICA
ACROBATA	DESFILE
BALÕES	ESPETACULAR
PALHAÇO	ANIMAIS
ELEFANTE	TIGRE
BILHETE	TRUQUE
MALABARISTA	ENTRETER
TRAJE	MÁGICO
LEÃO	TENDA
MAGIA	

69 - Barbecues

```
F  J  I  K  Q  P  C  A  E  Y  U  S  U  F
H  A  Q  I  H  W  F  A  C  A  S  K  S  N
W  N  U  T  O  M  A  F  R  A  N  G  O  I
K  T  E  I  G  B  M  Ú  S  I  C  A  D  W
P  A  N  A  X  W  Í  D  J  O  G  O  S  V
C  R  T  W  E  D  L  V  M  E  F  O  M  E
G  R  E  L  H  A  I  I  O  C  R  P  V  R
A  L  I  W  L  L  A  T  L  N  U  P  V  Ã
R  I  Q  A  S  M  A  Z  H  Z  T  H  X  O
F  O  D  R  N  O  N  M  O  B  A  X  C  U
O  K  F  K  F  Ç  Z  X  I  O  V  B  B  I
S  V  H  T  H  O  A  L  E  G  U  M  E  S
P  I  M  E  N  T  A  S  A  L  O  S  Ç  B
X  E  V  C  C  S  A  L  A  D  A  S  L  C
```

JANTAR	CRIANÇAS
FAMÍLIA	FACAS
AMIGOS	ALMOÇO
FRUTA	MÚSICA
GARFOS	PIMENTA
LEGUMES	SALADAS
GRELHA	SAL
QUENTE	VERÃO
FRANGO	MOLHO
FOME	JOGOS

70 - Küche

```
J F N K V F J M N N G Q H L
G R E L H A O C X L U X C H
E E H J R C A R Z U A N H S
L E K Q E O L W N I R M A A
A Z M A C N K G G O D V L O
D E S P E C I A R I A S E G
E R T Q I H D R P J N E I F
I Q G V T A C F D T A S R D
R D H J A R R O V I P P A T
A A L F A C A S M G O O O E
C O L H E R E S B E A N C V
O M A V E N T A L L R J T B
N L P D C U P S P A R A T G
Z Q N V P A U Z I N H O S G
```

COMER
PAUZINHOS
GARFOS
FREEZER
ESPECIARIAS
GRELHA
CONCHA
JARRO
GELADEIRA
COLHERES

FACAS
FORNO
RECEITA
AVENTAL
TIGELA
ESPONJA
GUARDANAPO
CUPS
CHALEIRA

71 - Schach

```
A P R E N D E R R R E I X Z
T T C S J Ç T K Q A M P Ç I
E R O J O G A D O R I D F S
M U N R G Q I R W N Ç N M C
P H C E O T O R N E I O H C
O Q U G O P O N E N T E M A
O O R R D I A G O N A L M M
P Ç S A A Q K L V P B P E P
Q A O S W C R L Ç F R T U E
D E S T R A T É G I A E A Ã
Ç O U S H D R E F M N B T O
S A C R I F Í C I O C D H O
Ç Q T A T V S E M O O R H E
P O N T O S O Ç H K A X Ç J
```

CAMPEÃO	REGRAS
DIAGONAL	PRETO
OPONENTE	JOGO
REI	JOGADOR
RAINHA	ESTRATÉGIA
APRENDER	TORNEIO
SACRIFÍCIO	BRANCO
PASSIVO	CONCURSO
PONTOS	TEMPO

72 - Erhaltung

```
A  P  P  E  L  M  O  F  T  O  P  A  P  V
R  U  O  J  A  W  C  O  O  I  O  M  E  E
S  U  S  T  E  N  T  Á  V  E  L  B  S  R
A  D  Z  I  Z  Q  M  C  E  C  U  I  T  D
Ç  E  B  Á  B  N  G  H  M  L  I  E  I  E
A  E  M  G  P  L  U  F  E  I  Ç  N  C  C
N  E  D  U  C  A  Ç  Ã  O  M  Ã  T  I  P
R  A  S  A  Ú  D  E  D  T  A  O  A  D  F
A  T  T  O  V  B  C  I  C  L  O  L  A  H
R  E  D  U  Z  I  R  E  C  I  C  L  A  R
C  S  J  O  R  G  Â  N  I  C  O  Y  D  S
J  E  J  Q  H  A  B  I  T  A  T  T  K  N
G  C  E  V  V  O  L  U  N  T  Á  R  I  O
F  J  R  E  C  O  S  S  I  S  T  E  M  A
```

EDUCAÇÃO	ECOSSISTEMA
VOLUNTÁRIO	PESTICIDA
SAÚDE	RECICLAR
VERDE	REDUZIR
CLIMA	AMBIENTAL
HABITAT	POLUIÇÃO
SUSTENTÁVEL	ÁGUA
NATURAL	CICLO
ORGÂNICO	

73 - Geographie

```
Z  C  G  Z  M  M  O  N  T  A  N  H  A  L
E  N  T  S  R  A  V  C  T  A  P  N  L  R
G  M  G  P  F  R  O  A  E  L  A  Y  T  R
H  D  V  B  K  I  Q  T  P  A  Í  S  I  E
M  E  R  I  D  I  A  N  O  T  N  Q  T  G
A  Ç  M  A  T  L  A  S  F  I  L  O  U  I
E  Q  U  A  D  O  R  V  V  T  N  H  D  Ã
Y  T  N  Z  P  A  T  W  A  U  S  X  E  O
E  K  D  T  W  A  B  J  H  D  M  X  A  C
C  J  O  C  O  N  T  I  N  E  N  T  E  P
T  E  R  R  I  T  Ó  R  I  O  C  A  V  M
B  Z  V  D  L  L  O  E  S  T  E  R  I  O
C  I  D  A  D  E  H  Y  I  O  K  P  K  G
M  I  M  D  W  W  Y  A  K  N  O  R  T  E
```

ATLAS	PAÍS
EQUADOR	MAR
MONTANHA	MERIDIANO
LATITUDE	NORTE
RIO	OCEANO
TERRITÓRIO	REGIÃO
ALTITUDE	CIDADE
ILHA	MUNDO
MAPA	OESTE
CONTINENTE	

74 - Zahlen

```
D E Z E S S E T E V D L B W
Ç P P Z Ç S C R W I E H A B
D E Z E S S E I S N Z Y Y K
T T G E A N Q U A T O R Z E
W R H D R I I S W E I V D D
D E Ê Z D O Z E P G T N E O
E Z F S Q Y C I N C O D C I
Z E T E Y O M S R L F O I S
U L V T R R M E Q J I N M V
Ç J D E O I T O U U R C A O
Y E W W Z T Z B I F Y J L Z
E J J S K Z K Z N L R V T M
Q U A T R O D E Z E N O V E
O U Ç G W M Y A E A L J L B
```

OITO	SEIS
DEZOITO	DEZESSEIS
DECIMAL	SETE
TRÊS	DEZESSETE
TREZE	QUATRO
CINCO	QUATORZE
QUINZE	DEZ
NOVE	VINTE
DEZENOVE	DOIS
ZERO	DOZE

75 - Kunst Liefert

```
C  Â  M  E  R  A  C  R  Í  L  I  C  O  V
A  O  L  Ó  P  T  P  D  T  I  I  C  S  T
R  F  R  L  U  G  L  A  T  I  N  T  A  I
V  F  M  E  S  A  F  G  G  C  O  L  A  E
Ã  L  D  O  S  Ç  W  E  A  A  J  I  B  S
O  C  A  D  E  I  R  A  R  V  D  V  P  C
C  A  W  J  L  P  B  E  G  A  L  O  U  O
I  W  R  L  L  Á  Ç  Ç  I  L  Ç  Ç  R  V
L  Q  T  T  G  F  P  M  L  E  Ç  G  S  A
I  P  Á  G  U  A  Ç  I  A  T  I  E  Y  S
F  A  Y  Ç  V  E  O  F  S  E  C  G  T  Z
U  P  C  R  I  A  T  I  V  I  D  A  D  E
T  E  U  T  O  U  T  G  N  C  M  D  R  V
P  L  B  C  Z  N  E  A  Z  R  Z  L  A  N
```

ACRÍLICO
LÁPIS
ESCOVAS
CORES
CARVÃO
CÂMERA
CRIATIVIDADE
COLA
ÓLEO

PAPEL
APAGADOR
CAVALETE
CADEIRA
MESA
TINTA
ARGILA
ÁGUA

76 - Tage und Monate

```
C S E X T A F E I R A V F D
A G O S T O B K O P A J E O
L Q U A R T A F E I R A V M
E U T D S Á B A D O K N E I
N I U Z E U J K R Z K E R N
D N B T T Z T A M J M I E G
Á T R L E B E J K U J R I O
R A O A M R H M U D U O R K
I F H Y B Y Ç U B L N K O G
O E I H R Z O A W R H I L P
I I Q N O V E M B R O O F G
Y R S E G U N D A F E I R A
N A K W M Ê S E M A N A J N
H B E D D I A N O K U D T M
```

AGOSTO
DEZEMBRO
TERÇA
QUINTA-FEIRA
FEVEREIRO
SEXTA-FEIRA
ANO
JANEIRO
JULHO
JUNHO

CALENDÁRIO
QUARTA-FEIRA
MÊS
SEGUNDA-FEIRA
NOVEMBRO
OUTUBRO
SÁBADO
SETEMBRO
DOMINGO
SEMANA

77 - Piraten

```
V A C M P C I C A T R I Z T
C I C A E E Ç E W I Z G C R
I R W P P R A I A Y O A I
C I O A T I T I D X E E V P
E V O N Ç S T K G R S C E U
C A V E R N A Ã T O P T N L
O U R O M P O L O T A E T A
B P A P A G A I O C D S U Ç
R Ú X C Q F K M O Q A O R Ã
U T S M O E D A S L H U A O
M O S S U B A N D E I R A T
I L H A O Y I M Â N C O R A
P T Y N X L J A G D V Z X Q
O G H Y X T A U V A C X P A
```

AVENTURA	BÚSSOLA
ÂNCORA	LENDA
TRIPULAÇÃO	MOEDAS
BANDEIRA	CICATRIZ
PERIGO	PAPAGAIO
OURO	RUM
CAVERNA	TESOURO
ILHA	MAU
CAPITÃO	ESPADA
MAPA	PRAIA

78 - Emotionen

```
Q  A  M  R  E  L  A  X  A  D  O  E  Ç  S
U  M  C  E  E  T  Q  P  R  O  O  N  J  A
A  N  I  M  A  D  O  V  J  V  W  V  A  T
L  X  X  O  Y  P  A  M  O  K  F  E  L  I
E  D  M  T  Ç  N  M  J  P  Q  H  R  S  S
G  Y  T  B  U  E  A  W  M  C  U  G  I  F
R  J  V  O  N  G  R  A  T  O  Y  O  M  E
I  I  T  N  T  E  W  M  S  N  R  N  P  I
A  M  E  D  O  C  P  O  C  T  T  H  A  T
K  X  R  A  I  V  A  R  M  E  É  A  T  O
M  O  N  D  V  D  Z  L  N  Ú  D  D  I  Q
C  B  U  E  A  B  T  N  M  D  I  O  A  B
F  T  R  I  S  T  E  Z  A  O  O  H  F  M
T  R  A  N  Q  U  I  L  I  D  A  D  E  V
```

MEDO	TÉDIO
ANIMADO	AMOR
ENVERGONHADO	TRANQUILIDADE
GRATO	CALMO
RELAXADO	SIMPATIA
ALEGRIA	TRISTEZA
BONDADE	RAIVA
PAZ	TERNURA
CONTEÚDO	SATISFEITO

79 - Zu Füllen

```
M  B  O  L  S  O  C  R  E  V  P  C  G  Y
B  A  T  U  B  O  A  K  I  U  A  E  A  Q
Q  C  Ç  T  U  C  I  O  I  O  S  S  V  R
Q  I  R  R  V  L  X  S  A  L  T  T  E  V
P  A  L  K  N  Z  A  Y  S  Ç  A  A  T  E
K  A  H  Ç  B  B  A  N  D  E  J  A  A  N
C  C  C  V  H  W  M  A  B  M  B  A  I  V
G  I  F  O  Ç  I  S  V  H  A  Z  V  R  E
Q  A  P  U  T  J  Y  I  O  L  B  A  H  L
X  Ç  R  E  Ç  E  Ç  O  C  A  B  S  M  O
U  J  S  R  B  A  R  R  I  L  A  O  E  P
G  M  F  E  A  D  U  D  O  T  L  U  R  E
M  D  N  Q  H  F  H  K  W  Q  D  Q  R  Ç
B  R  I  P  P  Q  A  X  A  W  E  S  N  T
```

BACIA	PACOTE
CAIXA	TUBO
BALDE	NAVIO
BARRIL	GAVETA
GARRAFA	BANDEJA
MALA	BOLSO
CESTA	ENVELOPE
JAR	VASO
PASTA	

80 - Surfen

```
E  P  O  P  U  L  A  R  V  N  Q  P  Ç  O
H  S  H  C  A  M  P  E  Ã  O  P  R  E  A
O  B  P  B  Z  G  N  A  E  N  R  I  D  B
L  R  W  U  H  P  T  T  J  D  H  N  C  Ç
C  Ç  T  E  M  P  O  L  I  A  Ç  C  K  R
Z  X  R  Q  V  A  A  E  J  M  M  I  Y  O
Q  A  Y  A  R  Z  F  T  D  E  U  P  R  T
X  Z  R  E  P  E  D  A  N  I  L  I  F  Y
I  Z  X  Q  R  I  C  F  P  F  T  A  O  E
Z  R  J  T  A  X  D  I  Q  D  I  N  R  W
M  L  A  G  I  K  L  E  F  N  D  T  Ç  A
I  O  C  E  A  N  O  T  Z  E  Õ  E  A  U
E  S  T  I  L  O  E  X  T  R  E  M  O  C
E  S  T  Ô  M  A  G  O  Y  L  S  G  Ç  T
```

PRINCIPIANTE   OCEANO
ATLETA   RECIFE
POPULAR   ESPUMA
CAMPEÃO   FORÇA
EXTREMO   ESTILO
RAPIDEZ   PRAIA
ESTÔMAGO   ONDA
MULTIDÕES   TEMPO

81 - Möbel

```
H  G  Z  O  Ç  P  A  B  Ç  W  K  E  V  B
T  A  P  E  T  E  L  A  F  M  C  S  B  Q
P  B  I  X  S  S  M  N  F  H  A  P  M  U
O  R  F  S  F  U  O  C  Ç  R  G  E  K  C
L  B  A  N  C  I  F  O  Ô  F  V  L  Q  A
T  F  U  T  O  N  A  C  G  M  C  H  E  D
R  E  M  M  E  O  D  O  N  G  O  O  B  E
O  S  O  M  C  L  A  R  J  W  L  D  E  I
N  T  C  A  M  A  E  T  Ç  Q  C  K  A  R
A  A  Z  C  I  E  F  I  S  Y  H  D  E  A
G  N  R  A  D  P  S  N  R  O  Ã  Ç  G  U
P  T  H  Z  K  J  O  A  O  A  O  F  Q  O
V  E  Z  N  Ç  K  F  S  Ç  R  S  L  Y  O
J  A  A  G  W  L  Á  Y  H  B  C  T  E  N
```

BANCO	COLCHÃO
CAMA	PRATELEIRAS
ESTANTE	MESA
SOFÁ	POLTRONA
FUTON	ESPELHO
MACA	CADEIRA
ALMOFADA	TAPETE
CÔMODA	CORTINAS

82 - Kräuterkunde

```
K  K  L  F  O  Ç  V  A  L  H  O  E  C  M
L  P  C  L  Q  Q  U  A  L  I  D  A  D  E
A  Z  B  O  C  S  U  Y  A  E  Q  O  C  E
V  Ç  M  R  B  E  N  É  F  I  C  O  U  L
A  M  A  N  J  E  R  I  C  Ã  O  R  L  O
N  T  N  F  A  Z  Ç  S  A  L  S  A  I  B
D  O  J  U  R  W  Y  A  N  J  Ç  S  N  M
A  M  E  N  D  Ã  W  B  Q  S  V  Z  Á  J
B  I  R  C  I  T  O  O  J  Z  L  U  R  Ç
Q  L  O  H  M  U  P  R  X  H  C  Q  I  Y
K  H  N  O  E  N  D  R  O  F  Ç  T  O  U
A  O  A  V  E  R  D  E  M  M  C  W  F  F
N  X  Y  U  R  A  R  O  M  Á  T  I  C  O
E  S  T  R  A  G  Ã  O  A  O  D  B  X  S
```

AROMÁTICO
MANJERICÃO
FLOR
ENDRO
ESTRAGÃO
FUNCHO
JARDIM
SABOR
VERDE
ALHO

CULINÁRIO
LAVANDA
MANJERONA
SALSA
QUALIDADE
ALECRIM
AÇAFRÃO
TOMILHO
BENÉFICO

83 - Tugenden #1

```
C  I  Q  P  Ç  E  A  H  L  O  I  X  D  F
Q  N  F  R  R  N  P  K  I  C  N  R  F  H
Z  D  H  Á  U  G  A  U  M  Ú  T  I  L  P
E  E  R  T  Ç  R  I  P  P  N  E  A  F  C
G  P  V  I  J  A  X  A  O  A  L  M  Q  C
W  E  Q  C  S  Ç  O  C  U  R  I  O  S  O
H  N  N  O  I  A  N  I  D  T  G  D  Á  N
N  D  O  E  A  D  A  E  Ç  Í  E  E  B  F
T  E  V  U  R  O  D  N  Z  S  N  S  I  I
P  N  K  Y  J  O  O  T  L  T  T  T  O  A
Z  T  H  F  X  D  S  E  T  I  E  O  L  N
D  E  C  I  S  I  V  O  Y  C  P  B  O  T
E  F  I  C  I  E  N  T  E  O  T  O  K  E
E  N  C  A  N  T  A  D  O  R  H  M  P  Q
```

MODESTO	ENGRAÇADO
ENCANTADOR	ARTÍSTICO
EFICIENTE	APAIXONADO
DECISIVO	CURIOSO
PACIENTE	PRÁTICO
GENEROSO	LIMPO
BOM	INDEPENDENTE
ÚTIL	SÁBIO
INTELIGENTE	CONFIANTE

84 - Aktivitäten und Freizeit

```
U F B A S Q U E T E T P V J
X U Z V C O R R I D A Z H U
J T O O N A R T E T T C O B
A E S L K A M Ç S R X H B E
R B U E R C T P E S C A B I
D O R I D E Z A A T Ê N I S
I L F B D V L Ç M N Y E E
N A E O F P I A S Ã E M S B
A W G L V Ç P R X F O N J O
G O O P I N T U R A A Ç T L
E V I A G E M Z H U N S S O
M E R G U L H O O O R T L W
T W G O L F E D W C B H E W
B O X E C A M I N H A D A R
```

PESCA	HOBBIES
BEISEBOL	ARTE
BASQUETE	VIAGEM
BOXE	CORRIDA
ACAMPAMENTO	NATAÇÃO
RELAXANTE	SURFE
FUTEBOL	MERGULHO
JARDINAGEM	TÊNIS
PINTURA	VOLEIBOL
GOLFE	CAMINHADA

85 - Formen

```
C  A  N  T  O  L  L  T  R  O  N  I  J  P
U  O  I  O  U  I  A  Y  E  C  V  G  E  R
B  D  A  E  C  N  D  W  T  I  B  A  Ç  I
O  J  Q  B  C  H  O  Ç  Â  L  S  R  L  S
Q  U  A  D  R  A  D  O  N  I  C  C  J  M
Q  V  Q  C  U  R  V  A  G  N  H  O  J  A
P  Z  M  I  Í  T  W  X  U  D  I  T  N  T
I  Y  C  C  S  R  K  M  L  R  P  Ç  P  E
R  W  H  F  G  B  C  V  O  O  É  L  O  L
Â  T  R  I  Â  N  G  U  L  O  R  A  O  I
M  X  Q  J  A  S  K  Ç  L  D  B  M  P  P
I  P  O  L  Í  G  O  N  O  O  O  V  I  S
D  V  O  D  Q  B  M  P  P  Q  L  K  Y  E
E  S  F  E  R  A  E  Z  E  O  E  C  U  S
```

ARCO	OVAL
TRIÂNGULO	POLÍGONO
CANTO	PRISMA
ELIPSE	PIRÂMIDE
HIPÉRBOLE	QUADRADO
CONE	RETÂNGULO
CÍRCULO	LADO
ESFERA	CUBO
CURVA	CILINDRO
LINHA	

86 - Adjektive #2

```
U E Ç R D S S E L V A G E M
C L D E E A U T Ê N T I C O
N E S S U N I Ç P R B J Z
A G A P C D R A M Á T I C O
T A L O R Á F A M O S O F N
U N G N I V C R K B P X O O
R T A S T E P R E I R D R R
A E D Á I L T W I S N C T M
L Q O V V R E U H A C O E A
H A P E O F A M I N T O V L
K E H L C E Y I G O W I Ç O
I N T E R E S S A N T E V F
P R O D U T I V O W X W F O
X C O M E S T Í V E L L Y I
```

AUTÊNTICO
FAMOSO
DESCRITIVO
DRAMÁTICO
ELEGANTE
COMESTÍVEL
FRESCO
SAUDÁVEL
FAMINTO
INTERESSANTE

CRIATIVO
NATURAL
NOVO
NORMAL
PRODUTIVO
SALGADO
FORTE
RESPONSÁVEL
SELVAGEM

87 - Kleidung

```
B U U M M L C G T J C G P S
Y C Y L L C A L Ç A E F U A
X X G F Q I J X V Q Q P L N
L U T V K T U N J U P I S D
S U É T E R Ç K Q E P T E Á
Y E V C H A P É U T Y M I L
Z J E A N S H B P A Z R R I
B A V S S V E S T I D O A A
L V F A C I N T O C J S I S
U E Q C M O D A H A U A Ç A
S N N O N O P P D M L P M I
A T T Ç D M V Q W I H A P A
B A F R O B V N X S Q T D H
W L O C O L A R Z A X O P H
```

PULSEIRA	VESTIDO
BLUSA	CASACO
CINTO	MODA
COLAR	SUÉTER
LUVAS	SAIA
CAMISA	SANDÁLIAS
CALÇA	LENÇO
CHAPÉU	PIJAMA
JAQUETA	SAPATO
JEANS	AVENTAL

88 - Sommer

```
N A A K L E S T R E L A S I
X I S C C I A M I G O S T K
P K Y V A K V A L E G R I A
U Q E Z J M W R J O G O S A
B P M X S P P A O L A Z E R
S R V P S L W A B S I T Y V
V A R E L A X A M E N T O C
F I N S T A M A R E A Z H M
A A J D J A R D I M N O W Ú
M A A Z Á Q P K N D Z T P S
Í C F Ç I L U O B A V T O I
L Q F F T V I A G E M R A C
I B Y B J V K A W V I P B A
A J G Q U Q P B S Q L A Y P
```

LIVROS
ACAMPAMENTO
RELAXAMENTO
FAMÍLIA
LAZER
ALEGRIA
AMIGOS
JARDIM

MAR
MÚSICA
VIAGEM
SANDÁLIAS
JOGOS
ESTRELAS
PRAIA

89 - Farben

```
B  H  V  A  M  A  R  E  L  O  S  M  X  W
V  R  Ç  E  N  D  K  C  U  Q  É  F  K  X
E  M  A  R  R  O  M  B  R  Ç  P  S  L  C
R  D  Ç  N  S  M  V  Q  B  C  I  A  N  O
D  B  K  Y  C  N  E  L  A  R  A  N  J  A
E  V  T  V  A  O  Y  L  C  I  N  Z  A  C
R  O  X  O  R  K  D  A  H  R  I  H  A  I
A  W  M  D  M  M  E  Y  K  O  V  P  Z  U
L  K  F  H  E  F  U  C  H  S  I  A  U  V
U  Z  T  H  S  S  C  Y  W  A  O  G  L  X
G  Y  J  W  I  M  B  Ç  R  X  L  D  V  G
C  K  J  H  M  B  Y  E  Z  H  E  Z  V  N
N  M  A  G  E  N  T  A  G  I  T  E  L  K
P  R  E  T  O  R  I  B  T  E  A  A  Z  N
```

BEGE	LARANJA
AZUL	CARMESIM
MARROM	ROSA
FUCHSIA	VERMELHO
AMARELO	PRETO
CINZA	SÉPIA
VERDE	VIOLETA
ROXO	BRANCO
MAGENTA	CIANO

90 - Haus

```
L  I  J  A  K  S  Ó  T  Ã  O  N  R  T  C
A  P  A  R  E  D  E  C  E  P  M  H  E  E
R  J  R  S  W  F  J  W  Q  L  O  Ç  T  R
E  I  D  E  S  P  E  L  H  O  H  R  O  C
I  B  I  B  L  I  O  T  E  C  A  A  T  A
R  D  M  V  B  M  D  M  S  H  C  J  D  A
A  F  Q  U  A  R  T  O  C  A  O  A  H  O
S  Z  F  O  F  S  F  D  A  V  Z  N  J  Z
A  W  K  G  X  B  S  Ç  D  E  I  E  T  L
C  H  A  M  I  N  É  O  A  S  N  L  L  R
C  H  U  V  E  I  R  O  U  Ç  H  A  A  I
M  V  F  R  E  B  W  G  A  R  A  G  E  M
M  O  B  I  L  I  Á  R  I  O  A  G  B  M
M  B  F  Ç  Q  W  B  O  P  I  S  Y  W  W
```

VASSOURA	COZINHA
BIBLIOTECA	MOBILIÁRIO
TELHADO	CHAVES
SÓTÃO	CHAMINÉ
TETO	ESPELHO
CHUVEIRO	ESCADA
JANELA	PORTA
GARAGEM	PAREDE
JARDIM	CERCA
LAREIRA	QUARTO

91 - Bauernhof #1

```
B  T  T  Q  M  U  T  Q  E  Á  Y  U  Ç  X
B  E  T  F  E  Ç  F  K  R  C  G  H  G  L
X  R  Z  Q  P  O  R  C  O  E  S  U  N  N
K  R  Ç  E  H  Y  A  Ã  M  R  A  M  A  L
V  A  C  A  R  P  N  O  E  C  G  I  R  N
B  U  R  R  O  R  G  O  L  A  R  Q  R  A
C  A  V  A  L  O  O  A  I  Z  I  R  O  L
O  N  U  C  A  B  R  A  B  N  C  N  Z  A
R  F  N  X  C  G  D  T  G  E  U  M  A  F
V  O  Z  W  U  N  U  E  N  Ç  L  K  O  X
O  G  K  P  Y  E  Y  R  V  D  T  H  Y  G
P  E  V  B  U  Z  M  M  Ç  I  U  N  A  A
V  G  R  X  Z  I  H  S  A  Q  R  I  N  T
S  C  A  M  P  O  F  E  N  O  A  D  P  O
```

ABELHA	VACA
BURRO	TERRA
CAMPO	AGRICULTURA
FENO	CAVALO
MEL	ARROZ
FRANGO	PORCO
CÃO	ÁGUA
BEZERRO	CERCA
GATO	CABRA
CORVO	

92 - Berufe #1

```
E  P  I  A  N  I  S  T  A  V  E  E  Y  N
V  R  X  R  A  T  E  O  S  E  M  N  Ç  M
C  E  U  U  D  S  D  Y  T  T  B  F  F  E
M  O  Y  X  V  J  O  S  R  E  A  E  A  C
Ú  X  N  U  O  P  U  K  Ô  R  I  R  T  Â
S  N  S  T  G  Y  Ç  N  I  X  M  J  N
I  C  A  Ç  A  D  O  R  O  N  A  E  O  I
C  A  D  T  D  D  R  E  M  Á  D  I  A  C
O  H  E  N  O  Q  O  Q  O  R  O  R  L  O
B  A  N  Q  U  E  I  R  O  I  R  A  H  I
C  A  R  T  Ó  G  R  A  F  O  S  J  E  O
G  E  Ó  L  O  G  O  N  O  T  Q  Z  I  H
E  N  C  A  N  A  D  O  R  X  U  J  R  A
O  D  D  G  D  A  N  Ç  A  R  I  N  O  B
```

DOUTOR	ENCANADOR
ASTRÔNOMO	ENFERMEIRA
BANQUEIRO	MECÂNICO
EMBAIXADOR	MÚSICO
CONTADOR	PIANISTA
GEÓLOGO	ADVOGADO
CAÇADOR	DANÇARINO
JOALHEIRO	VETERINÁRIO
CARTÓGRAFO	

93 - Adjektive #1

```
A  B  S  O  L  U  T  O  T  E  T  H  E  O
A  R  T  Í  S  T  I  C  O  N  V  O  S  R
N  T  F  Z  P  E  S  A  D  O  S  N  C  V
E  M  R  X  A  P  M  H  N  R  P  E  U  W
A  V  G  A  L  U  Y  P  K  M  R  S  R  Ç
J  R  A  F  E  L  I  Z  T  E  Y  T  O  Ç
O  Z  O  L  E  N  T  O  A  V  F  O  K  I
I  B  F  M  I  F  T  D  T  P  V  P  Y  N
T  Ç  V  D  Á  O  O  E  I  F  U  N  D  O
W  C  C  W  G  T  S  P  V  I  B  O  X  C
Ç  K  C  V  Ç  D  I  O  O  N  E  Z  Q  E
M  O  D  E  R  N  O  C  V  O  L  Q  S  N
P  E  R  F  E  I  T  O  O  N  A  S  Ç  T
I  D  Ê  N  T  I  C  O  S  D  R  V  J  E
```

ABSOLUTO
ATIVO
AROMÁTICO
ATRAENTE
ESCURO
FINO
HONESTO
FELIZ
IDÊNTICO
ARTÍSTICO

LENTO
MODERNO
PERFEITO
ENORME
BELA
PESADO
FUNDO
INOCENTE
VALIOSO

94 - Mathematik

```
S  P  A  R  A  L  E  L  O  G  R  A  M  O
O  R  E  Ç  D  Z  P  N  S  D  A  P  R  I
M  J  F  R  A  Ç  Ã  O  I  E  I  A  E  E
A  U  Ç  D  P  M  B  E  M  C  O  R  T  T
V  T  L  U  P  E  R  B  E  I  F  A  Â  K
O  Z  R  Q  J  B  N  D  T  M  M  L  N  O
L  O  G  I  U  C  V  D  R  A  M  E  G  D
U  V  Ç  G  Â  A  N  S  I  L  Y  L  U  I
M  Z  L  R  D  N  D  V  A  C  F  O  L  Â
E  Ç  J  N  J  P  G  R  A  Z  U  D  O  M
E  Q  U  A  Ç  Ã  O  U  A  Ç  Z  L  S  E
P  O  L  Í  G  O  N  O  L  D  Ç  I  A  T
E  X  P  O  E  N  T  E  L  O  O  D  X  R
E  B  I  M  G  E  O  M  E  T  R  I  A  O
```

FRAÇÃO	POLÍGONO
DECIMAL	QUADRADO
TRIÂNGULO	RAIO
DIÂMETRO	RETÂNGULO
EXPOENTE	PERPENDICULAR
GEOMETRIA	SOMA
EQUAÇÃO	SIMETRIA
PARALELO	VOLUME
PARALELOGRAMO	

95 - Messungen

```
Q C O M P R I M E N T O B N
U D E C I M A L B H T B O C
I E I P G N Q J G B G R H E
L B L A R G U R A F B Y U N
O Y I L A R I T N M O K P T
G H T U A L V O L U M E Í
R T R U O M Ô X K B Ç T S M
A O O R N A M Q M Y F D O E
M N H A Ç G E K D T Z X G T
A E Ç A A S T J M E T R O R
P L G H S H R N U Y F B A O
M A S S A P O L E G A D A J
C D P R O F U N D I D A D E
I A E G C J C U P I R X A Q
```

LARGURA
BYTE
DECIMAL
PESO
GRAU
GRAMA
ALTURA
QUILOGRAMA
QUILÔMETRO
COMPRIMENTO

LITRO
MASSA
METRO
MINUTO
PROFUNDIDADE
TONELADA
ONÇA
VOLUME
CENTÍMETRO
POLEGADA

96 - Schlösser

```
M J S X J W Ç P I B D Ç O Z
C B D U N I C Ó R N I O W M
A O E I J E X F F N F D J R
V W R U N P R Í N C I P E N
A I E O P A E S P A D A G O
L I S P A L S D R A G Ã O B
E M C A C Á C T E U P F A R
I P U R R C A O I K R P R E
R É D E E I V R N A I F M O
O R O D N O A R O D N E A K
K I I E F T L E F Ç C U D B
A O R F I S O B D A E D U O
P F O R T A L E Z A S A R T
C A T A P U L T A O A L A N
```

DRAGÃO   CAVALO
DINASTIA   PRÍNCIPE
NOBRE   PRINCESA
UNICÓRNIO   IMPÉRIO
FORTALEZA   CAVALEIRO
FEUDAL   ARMADURA
CATAPULTA   ESCUDO
REINO   ESPADA
COROA   TORRE
PALÁCIO   PAREDE

97 - Bauernhof #2

```
E  P  A  T  O  D  I  J  M  Y  M  Z  H  Q
M  A  N  I  M  A  I  S  T  I  N  E  S  U
U  S  F  T  A  G  R  I  C  U  L  T  O  R
O  T  R  I  G  O  P  O  M  A  R  H  U  V
V  O  U  I  R  R  I  G  A  Ç  Ã  O  O  E
E  R  T  Z  Q  H  G  X  R  D  X  W  K  G
L  T  A  K  C  Z  N  Ç  C  P  N  M  T  E
H  O  R  G  Z  O  A  C  E  V  A  D  A  T
A  S  C  A  O  V  R  C  O  L  M  E  I  A
Z  Z  T  N  Ç  J  D  K  L  A  I  H  L
P  R  A  D  O  O  Y  J  E  E  D  O  H  H
R  E  O  U  U  E  R  W  S  I  U  V  Q  A
E  L  C  E  L  E  I  R  O  T  R  Z  H  M
V  A  B  I  O  O  M  L  V  E  O  O  B  A
```

AGRICULTOR
IRRIGAÇÃO
COLMEIA
PATO
FRUTA
VEGETAL
CEVADA
LHAMA
CORDEIRO
MILHO

LEITE
POMAR
MADURO
OVELHA
PASTOR
CELEIRO
ANIMAIS
TRATOR
TRIGO
PRADO

98 - Berufe #2

```
I  L  U  S  T  R  A  D  O  R  P  P  N  A
X  W  M  D  C  I  R  U  R  G  I  Ã  O  N
L  I  N  G  U  I  S  T  A  O  L  J  E  W
J  O  R  N  A  L  I  S  T  A  O  M  V  H
A  U  O  W  A  S  F  R  T  W  T  É  P  P
G  R  Z  M  F  Z  O  G  X  V  O  D  R  I
B  I  B  L  I  O  T  E  C  Á  R  I  O  N
U  I  V  Q  L  R  Ó  P  I  F  M  C  F  V
H  V  Ó  C  Ó  D  G  O  I  F  C  O  E  E
Y  U  L  L  S  M  R  R  A  N  Ç  U  S  N
A  S  T  R  O  N  A  U  T  A  T  R  S  T
M  L  U  D  F  G  F  Ç  J  W  Z  O  O  O
X  F  I  E  O  A  O  F  G  H  G  R  R  R
O  E  N  G  E  N  H  E  I  R  O  R  E  Q
```

MÉDICO
ASTRONAUTA
BIBLIOTECÁRIO
BIÓLOGO
CIRURGIÃO
INVENTOR
FOTÓGRAFO
ILUSTRADOR

ENGENHEIRO
JORNALISTA
PROFESSOR
LINGUISTA
PINTOR
FILÓSOFO
PILOTO

99 - Erforschung

```
G  W  M  F  K  E  P  H  A  U  S  L  C  D
Q  Y  I  Z  G  K  X  E  S  P  A  Ç  O  E
C  O  R  A  G  E  M  A  R  O  D  Y  N  T
S  E  L  V  A  G  E  M  U  I  P  V  O  E
F  F  G  H  J  Q  J  U  K  S  G  N  V  R
D  E  S  C  O  B  E  R  T  A  T  O  O  M
A  C  U  L  T  U  R  A  S  T  Ç  Ã  S  I
L  N  T  E  R  R  E  N  O  I  Ç  N  O  N
Í  D  I  S  T  A  N  T  E  V  U  M  R  A
N  Z  C  M  O  A  Ç  X  E  I  H  V  S  Ç
G  S  B  J  A  P  R  E  N  D  E  R  R  Ã
U  U  K  J  Ç  I  D  V  I  A  G  E  M  O
A  Ç  D  M  B  U  S  C  A  D  I  D  D  X
E  X  C  I  T  A  Ç  Ã  O  E  Ç  Q  N  Ç
```

ATIVIDADE
EXCITAÇÃO
DESCOBERTA
DETERMINAÇÃO
EXAUSTÃO
DISTANTE
PERIGOS
TERRENO
CULTURAS

APRENDER
CORAGEM
NOVO
ESPAÇO
VIAGEM
LÍNGUA
BUSCA
ANIMAIS
SELVAGEM

100 - Wetter

```
G T T T Z M T J A E G T N T
S O H R E U L V G L R R E E
E R S U O M V D B W E O V M
C N C N U V P B R C L P O P
O A P É H Q Ã E I H Â I E E
N D X B U M I O S Q M C I R
U O U L G C N R A T P A R A
V Ç R F S S S C V D A L O T
E L Q U B G E L O Z G D Y U
M D T R M G C I I S O X E R
R K O A Z O A M O N Ç Ã O A
R F O C G G O A V E N T O D
B P N Ã A R C O Í R I S Z H
A T M O S F E R A P O L A R
```

ATMOSFERA	NEVOEIRO
RELÂMPAGO	POLAR
BRISA	ARCO-ÍRIS
TROVÃO	TEMPESTADE
SECA	TEMPERATURA
GELO	TORNADO
CÉU	SECO
FURACÃO	TROPICAL
CLIMA	VENTO
MONÇÃO	NUVEM

1 - Ozean

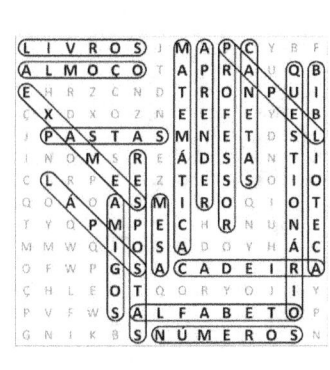

2 - Schule #1

3 - Meditation

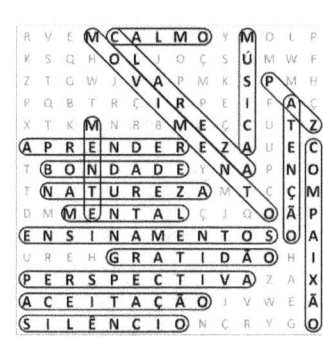

4 - Meisterschaft

5 - Insekten

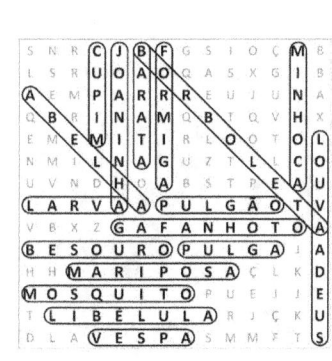
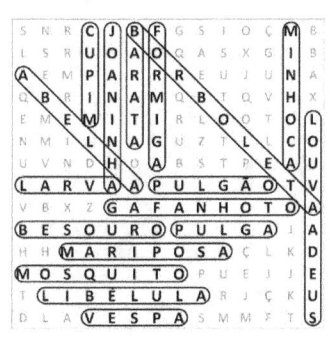

6 - Dinosaurier

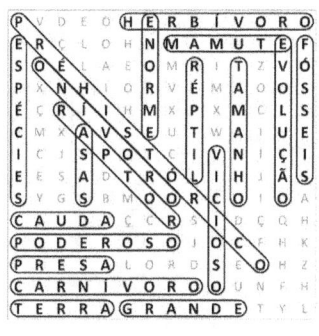

7 - Obst

8 - Schule #2

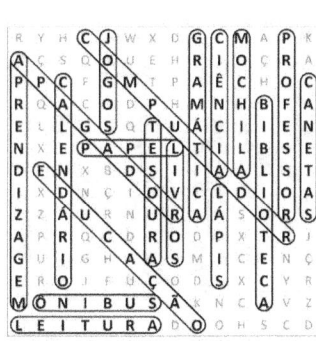
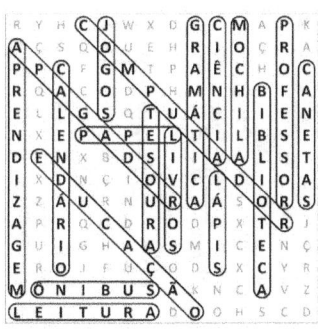

9 - Spielzeuge

10 - Camping

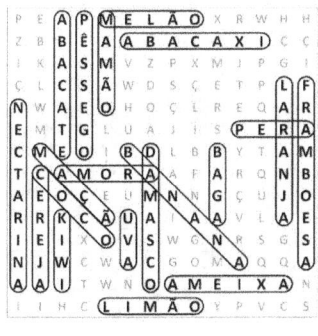

11 - Zeit

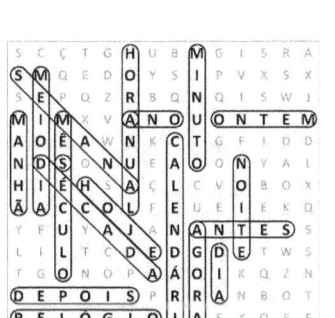
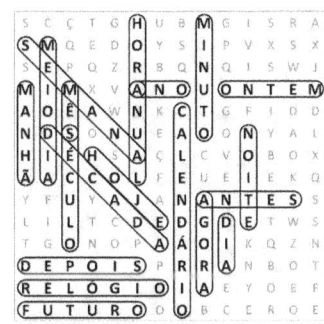

12 - Säugetiere

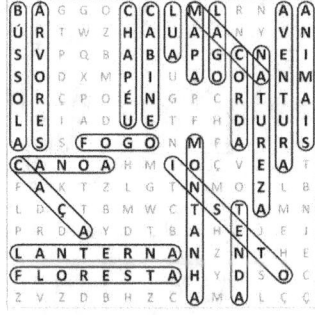
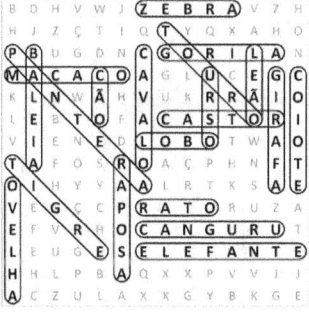

13 - Astronomie

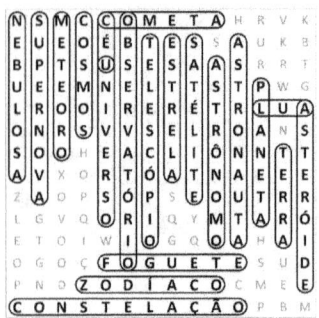

14 - Ballett

15 - Strand

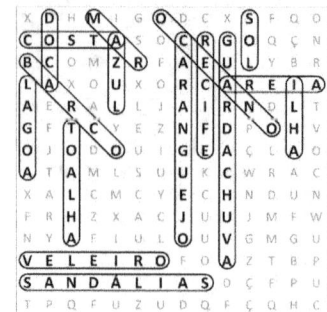

16 - Restaurant #1

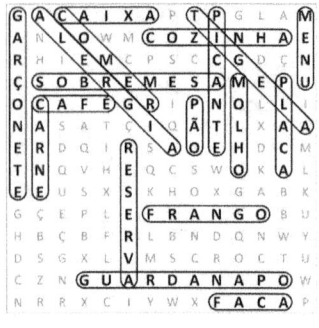

17 - Geologie

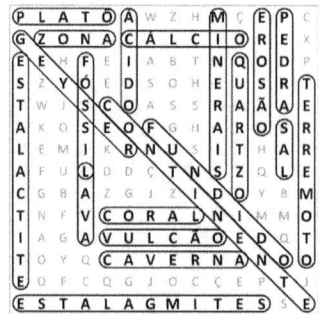

18 - Wissenschaft

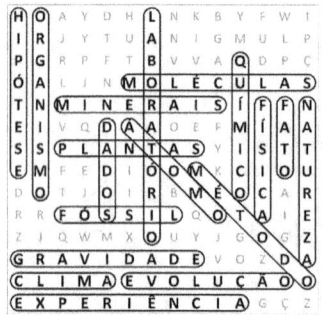

19 - Bildende Kunst

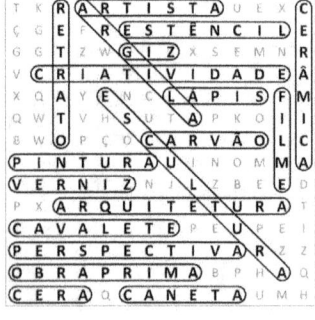

20 - Sport

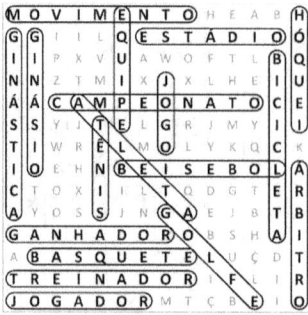

21 - Mythologie

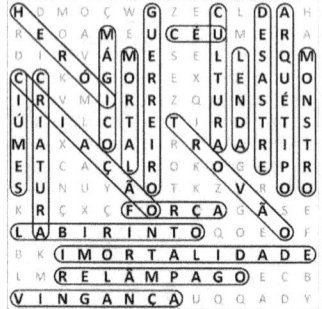

22 - Restaurant #2

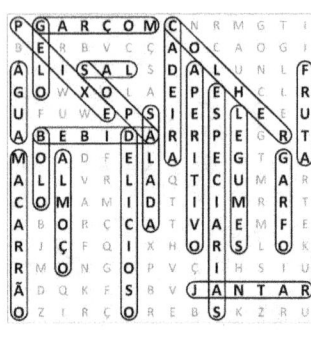

23 - Ökologie

24 - Schokolade

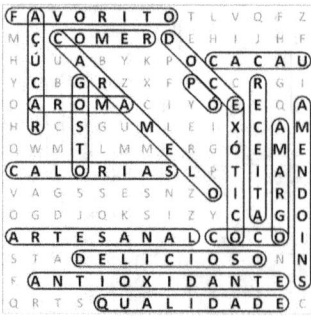

25 - Boote

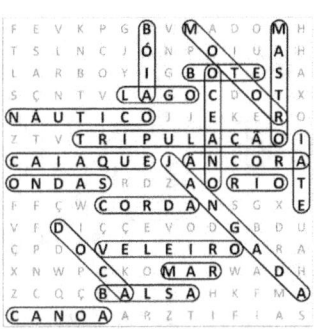

26 - Stadt

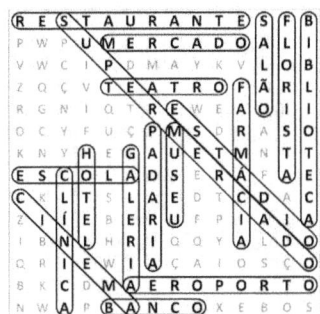

27 - Aktivitäten

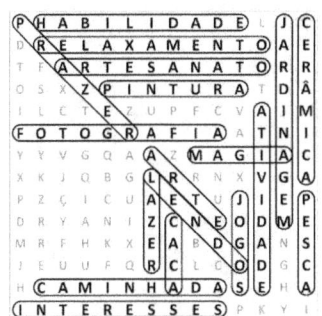

28 - Bienen

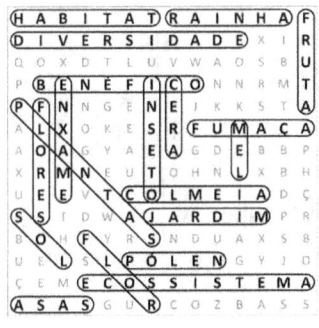

29 - Wissenschaftliche

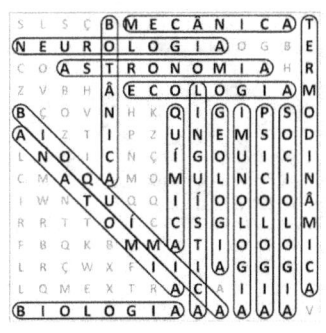

30 - Vögel

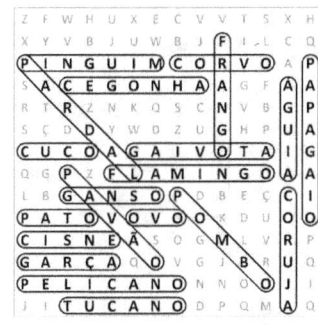

31 - Garten

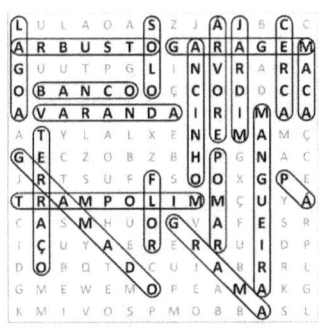

32 - Antarktis

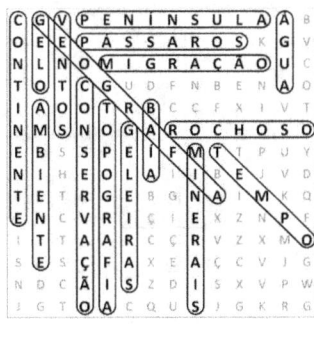

33 - Fahren

34 - Bücher

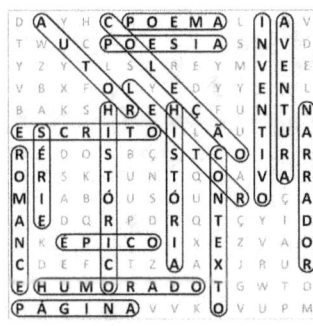

35 - Menschlicher Körper

36 - Klettern

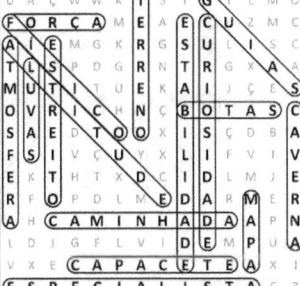

37 - Landschaften

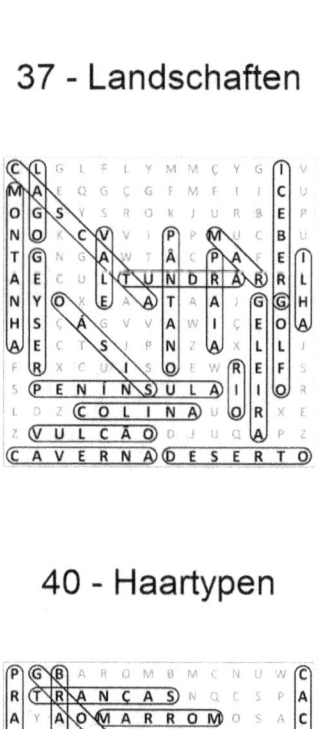

38 - Abenteuer

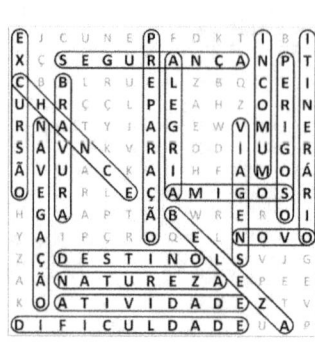

39 - Flugzeuge

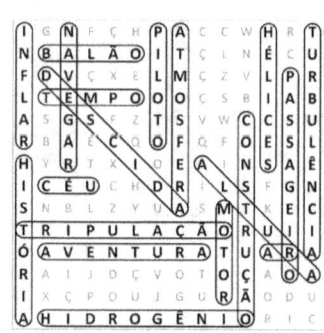

40 - Haartypen

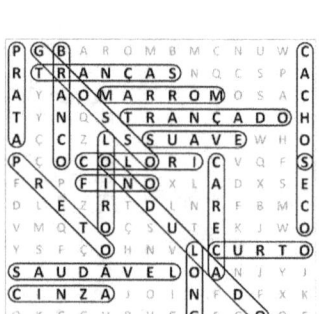

41 - Essen #1

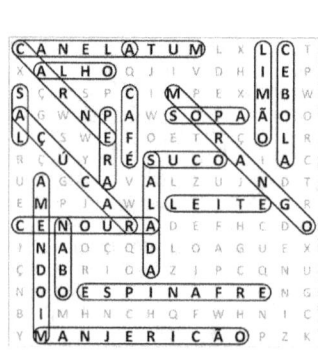

42 - Gebäude

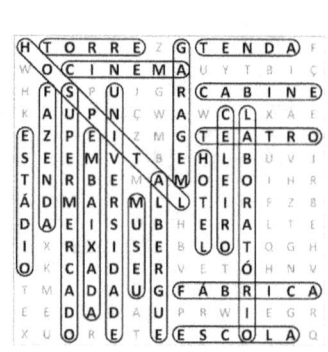

43 - Angeln

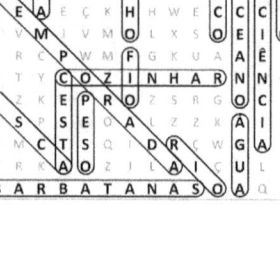

44 - Regenwald

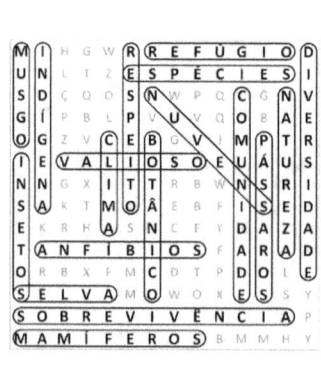

45 - Essen #2

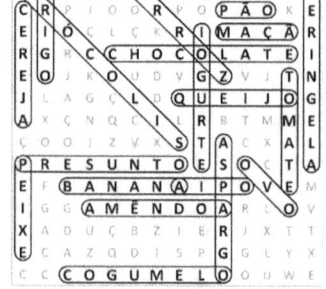

46 - Familie

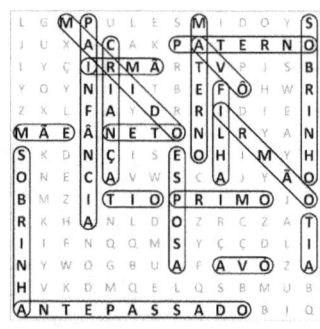

47 - Pflanzen

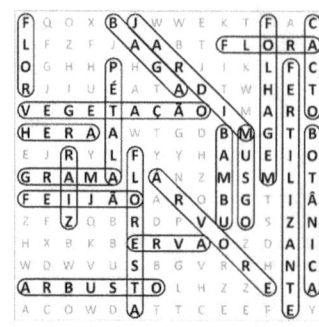

48 - Kunst

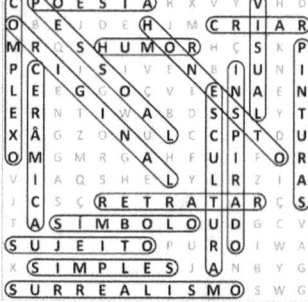

49 - Gewürze

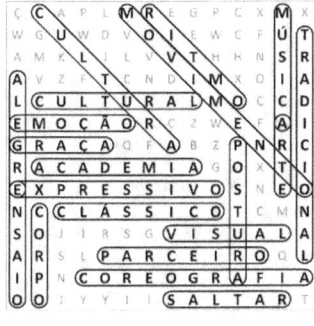

50 - Gemüse

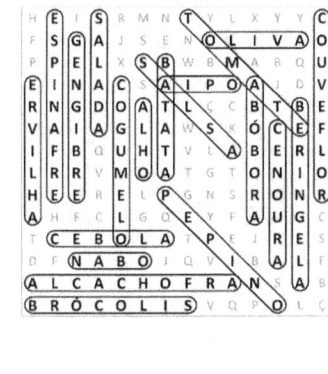

51 - Katzen

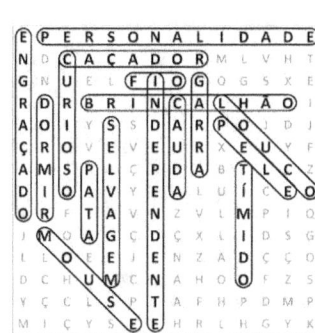

52 - Tanzen

53 - Ernährung

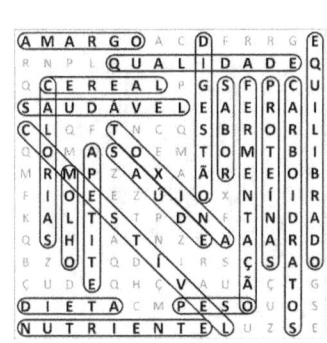

54 - Technologie

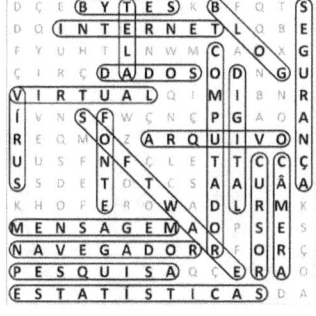

55 - Wasser

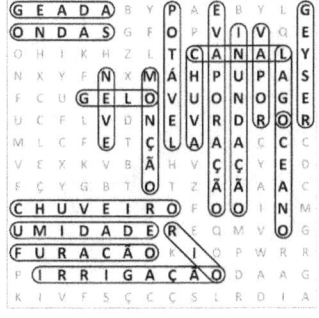

56 - Science Fiction

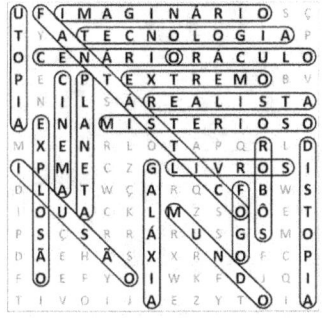

57 - Haustiere

58 - Geburtstag

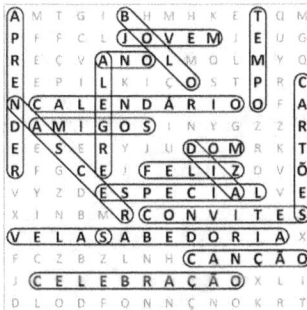

59 - Literatur

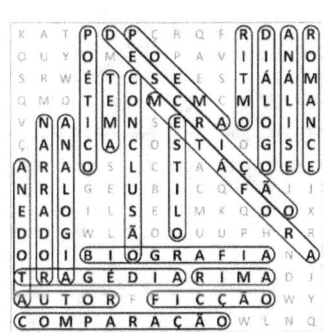

60 - Wandern

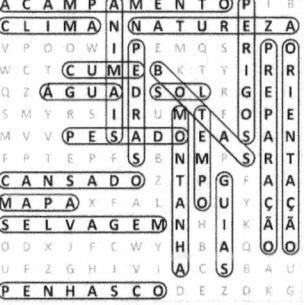

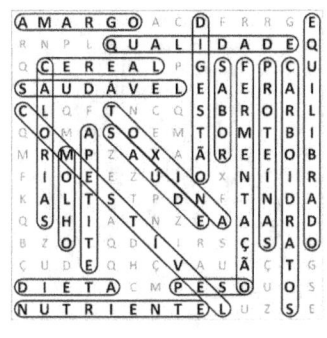
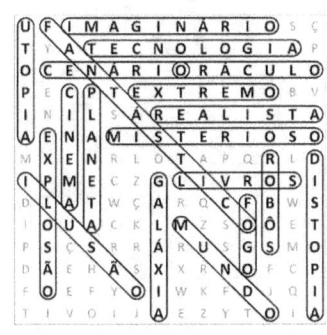

61 - Länder #2

62 - Fahrzeuge

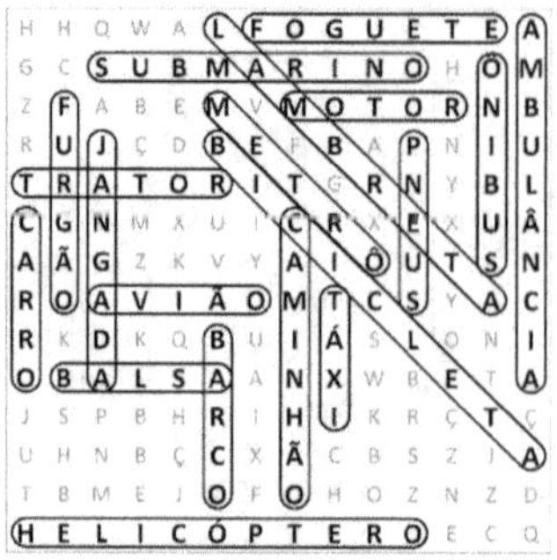

63 - Badezimmer

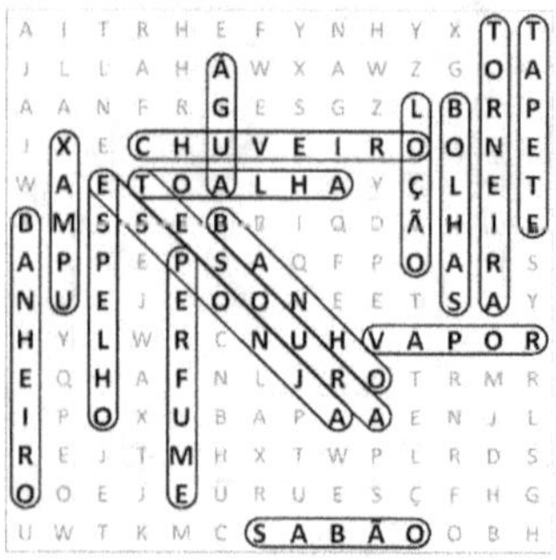

64 - Musikinstrumente

65 - Blumen

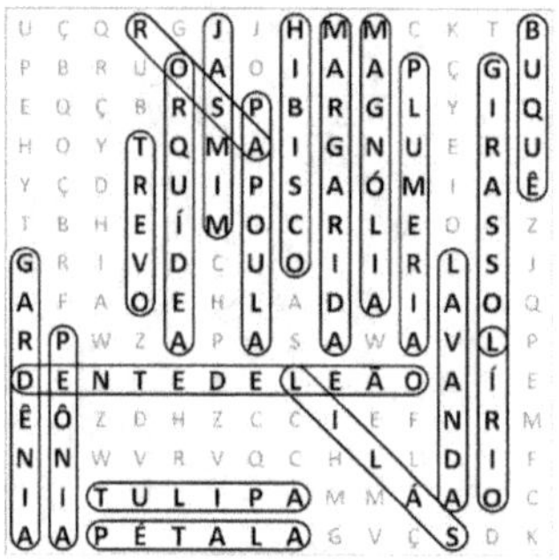

66 - Natur

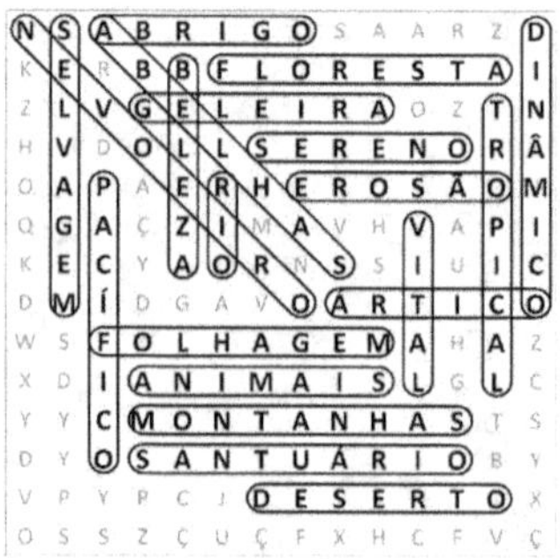

67 - Urlaub #2

68 - Zirkus

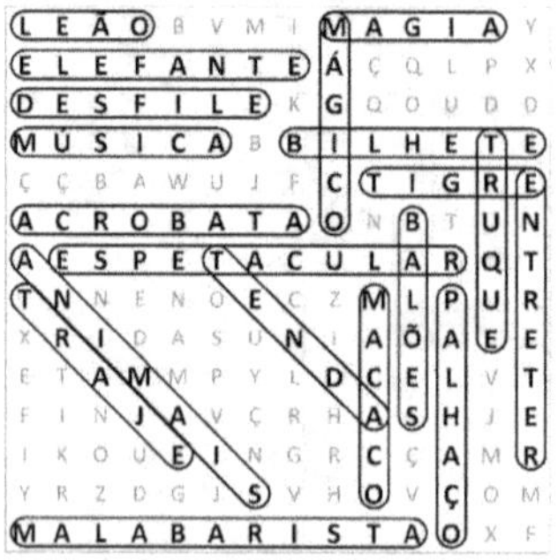

69 - Barbecues

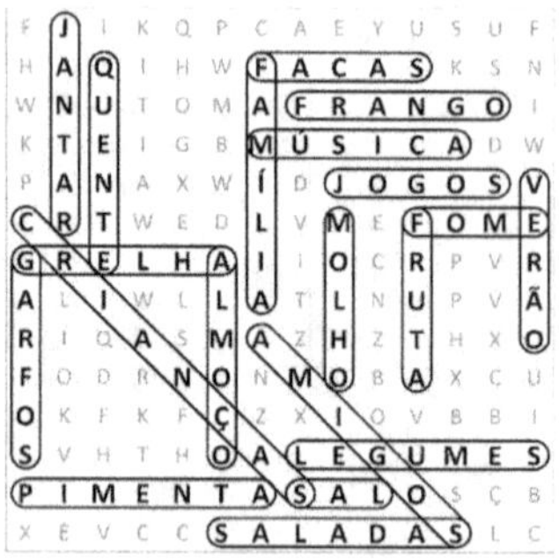

70 - Küche

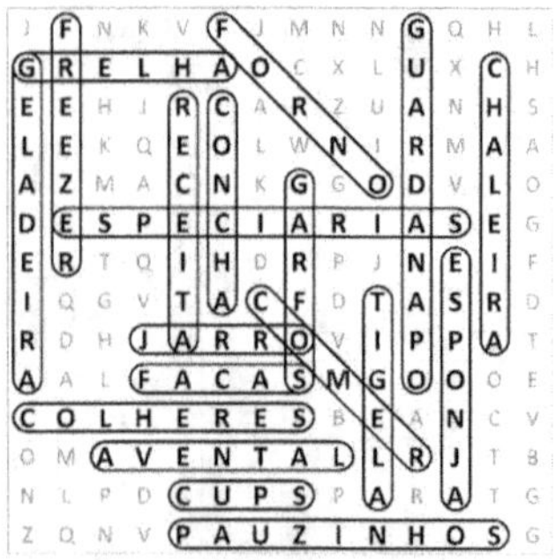

71 - Schach

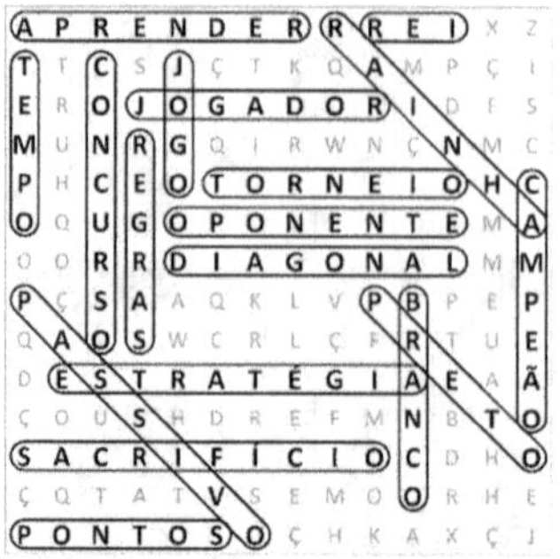

72 - Erhaltung

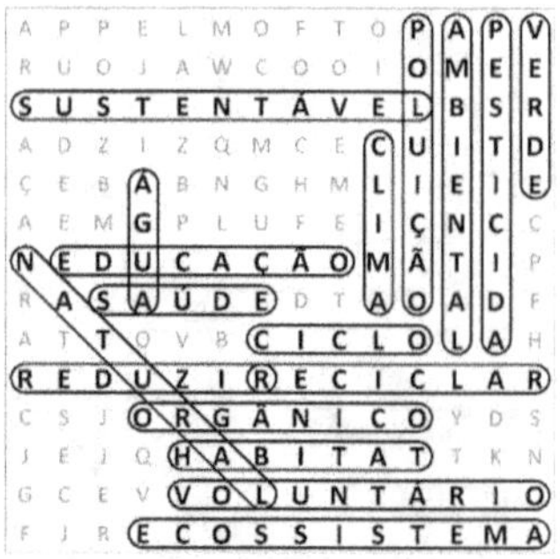

73 - Geographie

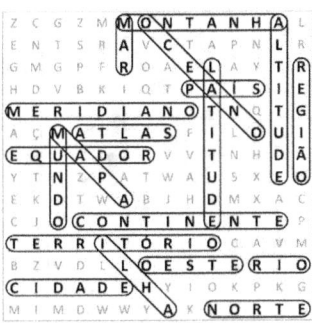

74 - Zahlen

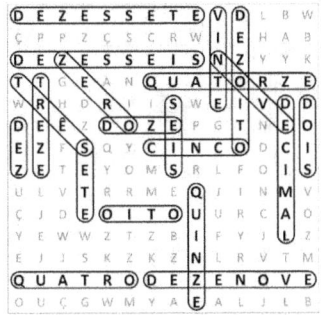

75 - Kunst Liefert

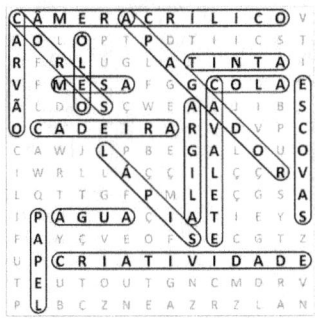

76 - Tage und Monate

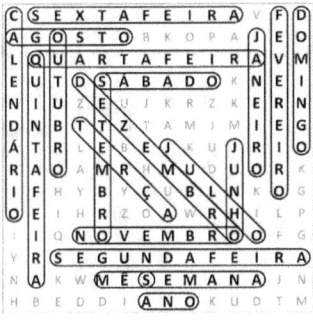

77 - Piraten

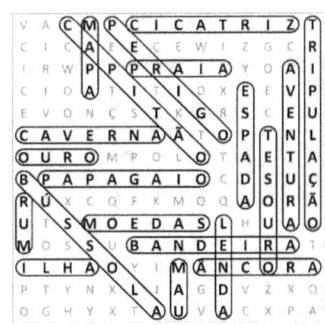

78 - Emotionen

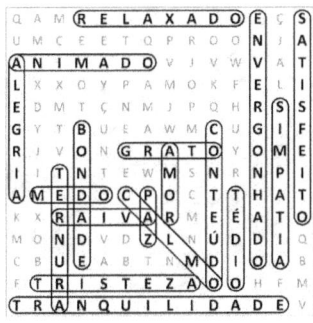

79 - Zu Füllen

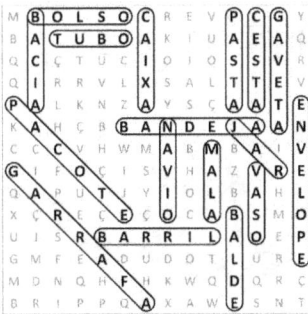

80 - Surfen

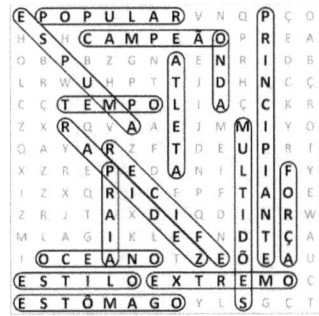

81 - Möbel

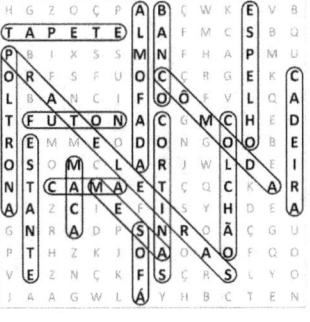

82 - Kräuterkunde

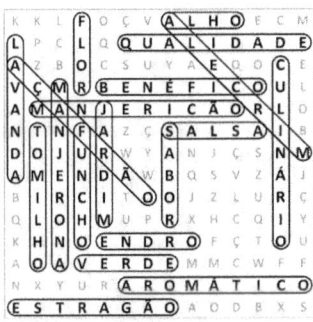

83 - Tugenden #1

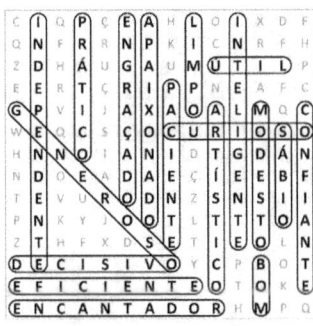

84 - Aktivitäten und Freizeit

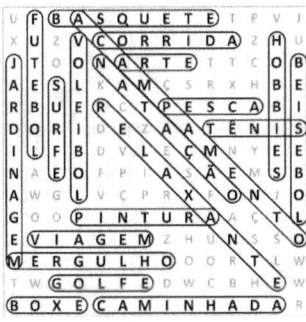

85 - Formen

86 - Adjektive #2

87 - Kleidung

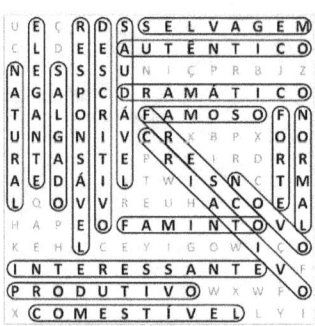
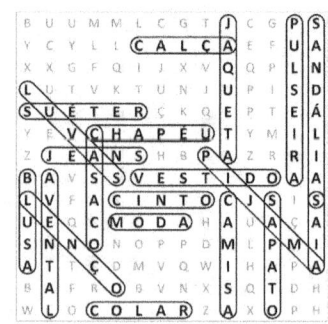

88 - Sommer

89 - Farben

90 - Haus

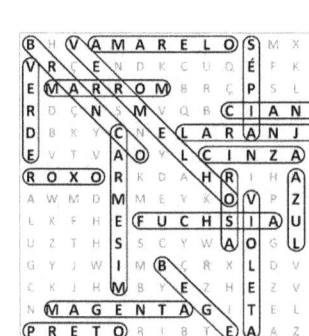
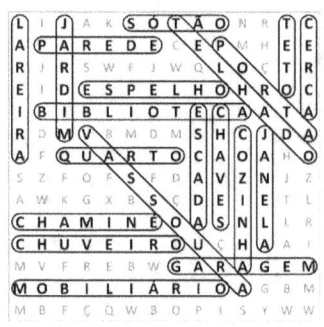

91 - Bauernhof #1

92 - Berufe #1

93 - Adjektive #1

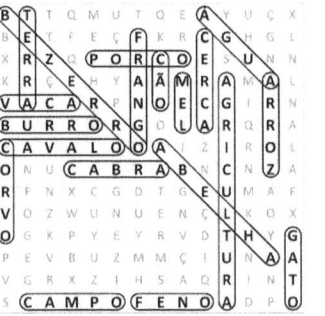
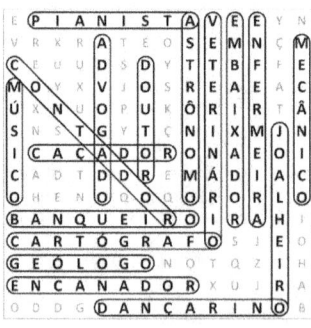
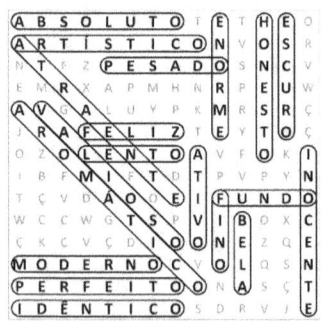

94 - Mathematik

95 - Messungen

96 - Schlösser

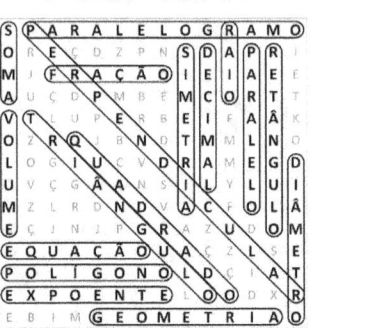
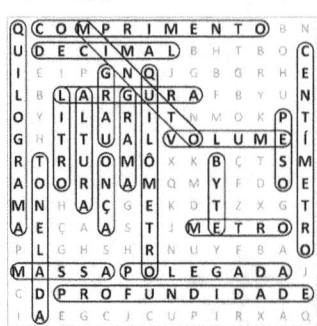
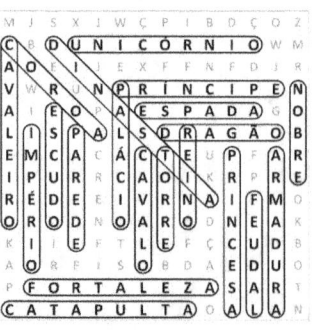

97 - Bauernhof #2

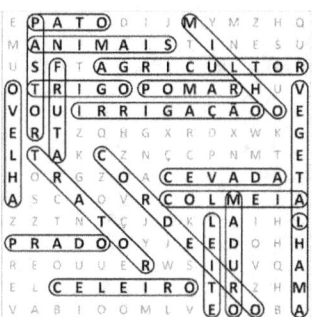

98 - Berufe #2

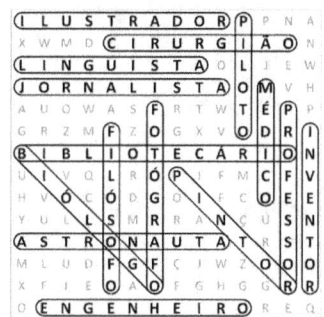

99 - Erforschung

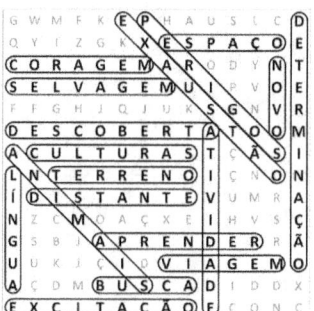

100 - Wetter

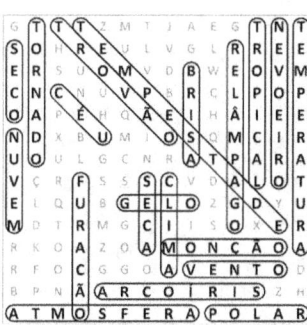

Wörterbuch

Abenteuer
Aventura

Aktivität	Atividade
Ausflug	Excursão
Chance	Chance
Freude	Alegria
Freunde	Amigos
Gefährlich	Perigoso
Gelegenheit	Oportunidade
Natur	Natureza
Navigation	Navegação
Neu	Novo
Reisen	Viagens
Route	Itinerário
Schönheit	Beleza
Schwierigkeit	Dificuldade
Sicherheit	Segurança
Tapferkeit	Bravura
Ungewöhnlich	Incomum
Überraschend	Surpreendente
Vorbereitung	Preparação
Ziel	Destino

Adjektive #1
Adjetivos #1

Absolut	Absoluto
Aktiv	Ativo
Aromatisch	Aromático
Attraktiv	Atraente
Dunkel	Escuro
Dünn	Fino
Ehrlich	Honesto
Glücklich	Feliz
Identisch	Idêntico
Künstlerisch	Artístico
Langsam	Lento
Modern	Moderno
Perfekt	Perfeito
Riesig	Enorme
Schön	Bela
Schwer	Pesado
Tief	Fundo
Unschuldig	Inocente
Wertvoll	Valioso
Wichtig	Importante

Adjektive #2
Adjetivos #2

Authentisch	Autêntico
Berühmt	Famoso
Beschreibend	Descritivo
Dramatisch	Dramático
Elegant	Elegante
Essbar	Comestível
Frisch	Fresco
Gesund	Saudável
Hungrig	Faminto
Interessant	Interessante
Kreativ	Criativo
Natürlich	Natural
Neu	Novo
Normal	Normal
Produktiv	Produtivo
Salzig	Salgado
Stark	Forte
Stolz	Orgulhoso
Verantwortlich	Responsável
Wild	Selvagem

Aktivitäten
Atividades

Aktivität	Atividade
Angeln	Pesca
Entspannung	Relaxamento
Fähigkeit	Habilidade
Fotografie	Fotografia
Freizeit	Lazer
Gartenarbeit	Jardinagem
Gemälde	Pintura
Interessen	Interesses
Jagd	Caca
Keramik	Cerâmica
Kunst	Arte
Kunsthandwerk	Artesanato
Lesen	Lendo
Magie	Magia
Spiele	Jogos
Vergnügen	Prazer
Wandern	Caminhada

Aktivitäten und Freizeit
Atividades e Lazer

Angeln	Pesca
Baseball	Beisebol
Basketball	Basquete
Boxen	Boxe
Camping	Acampamento
Entspannend	Relaxante
Fussball	Futebol
Gartenarbeit	Jardinagem
Gemälde	Pintura
Golf	Golfe
Hobbies	Hobbies
Kunst	Arte
Reise	Viagem
Rennen	Corrida
Schwimmen	Natação
Surfen	Surfe
Tauchen	Mergulho
Tennis	Tênis
Volleyball	Voleibol
Wandern	Caminhada

Angeln
Pesca

Ausrüstung	Equipamento
Boot	Barco
Draht	Fio
Flossen	Barbatanas
Fluss	Rio
Geduld	Paciência
Gewicht	Peso
Haken	Gancho
Jahreszeit	Temporada
Kiefer	Mandíbula
Kiemen	Brânquias
Kochen	Cozinhar
Korb	Cesta
Köder	Isca
Ozean	Oceano
See	Lago
Strand	Praia
Übertreibung	Exagero
Wasser	Água

Antarktis
Antártica

Bucht	Baía
Eis	Gelo
Erhaltung	Conservação
Expedition	Expedição
Felsig	Rochoso
Forscher	Investigador
Geographie	Geografia
Gletscher	Geleiras
Halbinsel	Península
Kontinent	Continente
Migration	Migração
Mineralien	Minerais
Temperatur	Temperatura
Topographie	Topografia
Umwelt	Ambiente
Vögel	Pássaros
Wasser	Água
Wetter	Tempo
Wind	Ventos
Wissenschaftlich	Científico

Astronomie
Astronomia

Asteroid	Asteróide
Astronaut	Astronauta
Astronom	Astrônomo
Erde	Terra
Himmel	Céu
Komet	Cometa
Konstellation	Constelação
Kosmos	Cosmos
Meteor	Meteoro
Mond	Lua
Nebel	Nebulosa
Observatorium	Observatório
Planet	Planeta
Rakete	Foguete
Satellit	Satélite
Stern	Estrela
Supernova	Supernova
Teleskop	Telescópio
Tierkreis	Zodíaco
Universum	Universo

Badezimmer
Banheiro

Bad	Banho
Blasen	Bolhas
Dampf	Vapor
Dusche	Chuveiro
Handtuch	Toalha
Lotion	Loção
Parfüm	Perfume
Schere	Tesoura
Schwamm	Esponja
Seife	Sabão
Shampoo	Xampu
Spiegel	Espelho
Teppich	Tapete
Toilette	Banheiro
Wasser	Água
Wasserhahn	Torneira

Ballett
Balé

Anmutig	Gracioso
Applaus	Aplauso
Ausdrucksvoll	Expressivo
Ballerina	Bailarina
Choreographie	Coreografia
Fähigkeit	Habilidade
Geste	Gesto
Intensität	Intensidade
Komponist	Compositor
Künstlerisch	Artístico
Musik	Música
Muskel	Músculos
Orchester	Orquestra
Probe	Ensaio
Publikum	Público
Rhythmus	Ritmo
Solo	Solo
Stil	Estilo
Tänzer	Dançarinos
Technik	Técnica

Barbecues
Churrascos

Abendessen	Jantar
Familie	Família
Freunde	Amigos
Frucht	Fruta
Gabeln	Garfos
Gemüse	Legumes
Grill	Grelha
Heiss	Quente
Huhn	Frango
Hunger	Fome
Kinder	Crianças
Messer	Facas
Mittagessen	Almoço
Musik	Música
Pfeffer	Pimenta
Salate	Saladas
Salz	Sal
Sommer	Verão
Sosse	Molho
Spiele	Jogos

Bauernhof #1
Fazenda #1

Biene	Abelha
Dünger	Fertilizante
Esel	Burro
Feld	Campo
Heu	Feno
Honig	Mel
Huhn	Frango
Hund	Cão
Kalb	Bezerro
Katze	Gato
Krähe	Corvo
Kuh	Vaca
Land	Terra
Landwirtschaft	Agricultura
Pferd	Cavalo
Reis	Arroz
Schwein	Porco
Wasser	Água
Zaun	Cerca
Ziege	Cabra

Bauernhof #2
Fazenda #2

Bauer	Agricultor
Bewässerung	Irrigação
Bienenstock	Colmeia
Ente	Pato
Frucht	Fruta
Gemüse	Vegetal
Gerste	Cevada
Lama	Lhama
Lamm	Cordeiro
Mais	Milho
Milch	Leite
Obstgarten	Pomar
Reif	Maduro
Schaf	Ovelha
Schäfer	Pastor
Scheune	Celeiro
Tiere	Animais
Traktor	Trator
Weizen	Trigo
Wiese	Prado

Berufe #1
Profissões #1

Arzt	Doutor
Astronom	Astrônomo
Bankier	Banqueiro
Botschafter	Embaixador
Buchhalter	Contador
Geologe	Geólogo
Jäger	Caçador
Juwelier	Joalheiro
Kartograph	Cartógrafo
Klempner	Encanador
Krankenschwester	Enfermeira
Künstler	Artista
Mechaniker	Mecânico
Musiker	Músico
Pianist	Pianista
Psychologe	Psicólogo
Rechtsanwalt	Advogado
Tänzer	Dançarino
Tierarzt	Veterinário
Trainer	Treinador

Berufe #2
Profissões #2

Arzt	Médico
Astronaut	Astronauta
Bibliothekar	Bibliotecário
Biologe	Biólogo
Chirurg	Cirurgião
Detektiv	Detetive
Erfinder	Inventor
Forscher	Investigador
Fotograf	Fotógrafo
Gärtner	Jardineiro
Illustrator	Ilustrador
Ingenieur	Engenheiro
Journalist	Jornalista
Lehrer	Professor
Linguist	Linguista
Maler	Pintor
Philosoph	Filósofo
Pilot	Piloto
Zahnarzt	Dentista
Zoologe	Zoólogo

Bienen
Abelhas

Bienenkorb	Colmeia
Blumen	Flores
Blüte	Flor
Flügel	Asas
Frucht	Fruta
Garten	Jardim
Honig	Mel
Insekt	Inseto
Königin	Rainha
Lebensraum	Habitat
Ökosystem	Ecossistema
Pflanzen	Plantas
Pollen	Pólen
Rauch	Fumaça
Schwarm	Enxame
Sonne	Sol
Vielfalt	Diversidade
Vorteilhaft	Benéfico
Wachs	Cera

Bildende Kunst
Artes Visuais

Architektur	Arquitetura
Bleistift	Lápis
Film	Filme
Foto	Fotografia
Gemälde	Pintura
Holzkohle	Carvão
Keramik	Cerâmica
Kreativität	Criatividade
Kreide	Giz
Künstler	Artista
Lack	Verniz
Meisterwerk	Obra-Prima
Perspektive	Perspectiva
Porträt	Retrato
Schablone	Estêncil
Skulptur	Escultura
Staffelei	Cavalete
Stift	Caneta
Ton	Argila
Wachs	Cera

Blumen
Flores

Blütenblatt	Pétala
Gardenie	Gardênia
Gänseblümchen	Margarida
Hibiskus	Hibisco
Jasmin	Jasmim
Klee	Trevo
Lavendel	Lavanda
Lila	Lilás
Lilie	Lírio
Löwenzahn	Dente-De-Leão
Magnolie	Magnólia
Mohn	Papoula
Orchidee	Orquídea
Pfingstrose	Peônia
Plumeria	Plumeria
Rose	Rosa
Sonnenblume	Girassol
Strauss	Buquê
Tulpe	Tulipa

Boote
Barcos

Anker	Âncora
Boje	Bóia
Crew	Tripulação
Dock	Doca
Fähre	Balsa
Floss	Jangada
Fluss	Rio
Kajak	Caiaque
Kanu	Canoa
Mast	Mastro
Meer	Mar
Motor	Motor
Nautisch	Náutico
Ozean	Oceano
Rettungsboot	Bote
See	Lago
Segelboot	Veleiro
Seil	Corda
Wellen	Ondas
Yacht	Iate

Bücher
Livros

Abenteuer	Aventura
Autor	Autor
Dualität	Dualidade
Episch	Épico
Erfinderisch	Inventivo
Erzähler	Narrador
Gedicht	Poema
Geschichte	História
Geschrieben	Escrito
Historisch	Histórico
Humorvoll	Humorado
Kollektion	Coleção
Kontext	Contexto
Leser	Leitor
Literarisch	Literário
Poesie	Poesia
Roman	Romance
Seite	Página
Serie	Série
Tragisch	Trágico

Camping
Acampamento

Abenteuer	Aventura
Bäume	Árvores
Berg	Montanha
Feuer	Fogo
Hängematte	Maca
Hut	Chapéu
Insekt	Inseto
Jagd	Caça
Kabine	Cabine
Kanu	Canoa
Karte	Mapa
Kompass	Bússola
Laterne	Lanterna
Mond	Lua
Natur	Natureza
See	Lago
Seil	Corda
Tiere	Animais
Wald	Floresta
Zelt	Tenda

Dinosaurier
Dinossauros

Allesfresser	Onívoro
Art	Espécies
Beute	Presa
Bösartig	Vicioso
Enorm	Enorme
Erde	Terra
Evolution	Evolução
Fleischfresser	Carnívoro
Flügel	Asas
Fossilien	Fósseis
Gross	Grande
Grösse	Tamanho
Leistungsstark	Poderoso
Mammut	Mamute
Pflanzenfresser	Herbívoro
Prähistorisch	Pré-Histórico
Raubvogel	Raptor
Reptil	Réptil
Schwanz	Cauda

Emotionen
Emoções

Angst	Medo
Aufgeregt	Animado
Beschämt	Envergonhado
Dankbar	Grato
Entspannt	Relaxado
Freude	Alegria
Freundlichkeit	Bondade
Frieden	Paz
Inhalt	Conteúdo
Langeweile	Tédio
Liebe	Amor
Ruhe	Tranquilidade
Ruhig	Calmo
Sympathie	Simpatia
Traurigkeit	Tristeza
Wut	Raiva
Zärtlichkeit	Ternura
Zufrieden	Satisfeito

Erforschung
Exploração

Aktivität	Atividade
Aufregung	Excitação
Entdeckung	Descoberta
Entschlossenheit	Determinação
Erschöpfung	Exaustão
Fern	Distante
Gefahren	Perigos
Gelände	Terreno
Kulturen	Culturas
Lernen	Aprender
Mut	Coragem
Neu	Novo
Raum	Espaço
Reise	Viagem
Sprache	Língua
Suche	Busca
Tiere	Animais
Unbekannt	Desconhecido
Wild	Selvagem

Erhaltung
Conservação

Bildung	Educação
Freiwillige	Voluntário
Gesundheit	Saúde
Grün	Verde
Klima	Clima
Lebensraum	Habitat
Nachhaltig	Sustentável
Natürlich	Natural
Organisch	Orgânico
Ökosystem	Ecossistema
Pestizid	Pesticida
Recyceln	Reciclar
Reduzieren	Reduzir
Umwelt	Ambiental
Verschmutzung	Poluição
Wasser	Água
Zyklus	Ciclo

Ernährung
Nutrição

Appetit	Apetite
Ausgewogen	Equilibrado
Bitter	Amargo
Diät	Dieta
Essbar	Comestível
Fermentation	Fermentação
Geschmack	Sabor
Gesund	Saudável
Gesundheit	Saúde
Getreide	Cereal
Gewicht	Peso
Kalorien	Calorias
Kohlenhydrate	Carboidratos
Nährstoff	Nutriente
Proteine	Proteínas
Qualität	Qualidade
Sosse	Molho
Toxin	Toxina
Verdauung	Digestão
Vitamin	Vitamina

Essen #1
Comida #1

Basilikum	Manjericão
Birne	Pera
Erdbeere	Morango
Erdnuss	Amendoim
Fleisch	Carne
Kaffee	Café
Karotte	Cenoura
Knoblauch	Alho
Milch	Leite
Rübe	Nabo
Saft	Suco
Salat	Salada
Salz	Sal
Spinat	Espinafre
Suppe	Sopa
Thunfisch	Atum
Zimt	Canela
Zitrone	Limão
Zucker	Açúcar
Zwiebel	Cebola

Essen #2
Comida # 2

Apfel	Maçã
Artischocke	Alcachofra
Aubergine	Beringela
Banane	Banana
Brokkoli	Brócolis
Brot	Pão
Ei	Ovo
Fisch	Peixe
Joghurt	Iogurte
Käse	Queijo
Kirsche	Cereja
Mandel	Amêndoa
Pilz	Cogumelo
Reis	Arroz
Schinken	Presunto
Schokolade	Chocolate
Sellerie	Aipo
Spargel	Aspargo
Tomate	Tomate
Weizen	Trigo

Fahren
Dirigindo

Auto	Carro
Bremsen	Freios
Brennstoff	Combustível
Bus	Ônibus
Garage	Garagem
Gas	Gás
Gefahr	Perigo
Geschwindigkeit	Rapidez
Karte	Mapa
Lizenz	Licença
Lkw	Caminhão
Motor	Motor
Motorrad	Motocicleta
Polizei	Polícia
Sicherheit	Segurança
Transport	Transporte
Tunnel	Túnel
Unfall	Acidente
Verkehr	Tráfego
Vorsicht	Cuidado

Fahrzeuge
Veículos

Auto	Carro
Boot	Barco
Bus	Ônibus
Fahrrad	Bicicleta
Fähre	Balsa
Floss	Jangada
Flugzeug	Avião
Hubschrauber	Helicóptero
Krankenwagen	Ambulância
Lkw	Caminhão
Motor	Motor
Rakete	Foguete
Reifen	Pneus
Roller	Lambreta
Taxi	Táxi
Traktor	Trator
U-Bahn	Metrô
U-Boot	Submarino
Van	Furgão
Wohnwagen	Caravana

Familie
Família

Bruder	Irmão
Ehefrau	Esposa
Ehemann	Marido
Enkel	Neto
Grossmutter	Avó
Grossvater	Avô
Kind	Criança
Kindheit	Infância
Mutter	Mãe
Mütterlich	Materno
Neffe	Sobrinho
Nichte	Sobrinha
Onkel	Tio
Schwester	Irmã
Tante	Tia
Tochter	Filha
Vater	Pai
Väterlich	Paterno
Vetter	Primo
Vorfahr	Antepassado

Farben
Cores

Beige	Bege
Blau	Azul
Braun	Marrom
Fuchsie	Fuchsia
Gelb	Amarelo
Grau	Cinza
Grün	Verde
Lila	Roxo
Magenta	Magenta
Orange	Laranja
Purpur	Carmesim
Rosa	Rosa
Rot	Vermelho
Schwarz	Preto
Sepia	Sépia
Violett	Violeta
Weiss	Branco
Zyan	Ciano

Flugzeuge
Aviões

Abenteuer	Aventura
Abstieg	Descida
Atmosphäre	Atmosfera
Aufblasen	Inflar
Ballon	Balão
Brennstoff	Combustível
Crew	Tripulação
Geschichte	História
Himmel	Céu
Höhe	Altura
Konstruktion	Construção
Luft	Ar
Motor	Motor
Navigieren	Navegar
Passagier	Passageiro
Pilot	Piloto
Propeller	Hélices
Turbulenz	Turbulência
Wasserstoff	Hidrogênio
Wetter	Tempo

Formen
Formas

Bogen	Arco
Dreieck	Triângulo
Ecke	Canto
Ellipse	Elipse
Hyperbel	Hipérbole
Kegel	Cone
Kreis	Círculo
Kugel	Esfera
Kurve	Curva
Linie	Linha
Oval	Oval
Polygon	Polígono
Prisma	Prisma
Pyramide	Pirâmide
Quadrat	Quadrado
Rechteck	Retângulo
Seite	Lado
Würfel	Cubo
Zylinder	Cilindro

Garten
Jardim

Bank	Banco
Baum	Árvore
Blume	Flor
Boden	Solo
Busch	Arbusto
Garage	Garagem
Garten	Jardim
Gras	Grama
Hängematte	Maca
Obstgarten	Pomar
Rasen	Gramado
Rechen	Ancinho
Schaufel	Pá
Schlauch	Mangueira
Teich	Lagoa
Terrasse	Terraço
Trampolin	Trampolim
Veranda	Varanda
Zaun	Cerca

Gebäude
Edifícios

Bauernhof	Fazenda
Botschaft	Embaixada
Fabrik	Fábrica
Garage	Garagem
Herberge	Albergue
Hotel	Hotel
Kabine	Cabine
Kino	Cinema
Krankenhaus	Hospital
Labor	Laboratório
Museum	Museu
Observatorium	Observatório
Scheune	Celeiro
Schule	Escola
Stadion	Estádio
Supermarkt	Supermercado
Theater	Teatro
Turm	Torre
Universität	Universidade
Zelt	Tenda

Geburtstag
Aniversário

Einladungen	Convites
Feier	Celebração
Freudig	Alegre
Freunde	Amigos
Geboren	Nascer
Geschenk	Dom
Glücklich	Feliz
Jahr	Ano
Jung	Jovem
Kalender	Calendário
Karten	Cartões
Kerzen	Velas
Kuchen	Bolo
Lernen	Aprender
Lied	Canção
Spezial	Especial
Tag	Dia
Weisheit	Sabedoria
Zeit	Tempo

Gemüse
Vegetais

Artischocke	Alcachofra
Aubergine	Beringela
Blumenkohl	Couve-Flor
Brokkoli	Brócolis
Erbse	Ervilha
Gurke	Pepino
Ingwer	Gengibre
Karotte	Cenoura
Kartoffel	Batata
Knoblauch	Alho
Kürbis	Abóbora
Olive	Oliva
Petersilie	Salsa
Pilz	Cogumelo
Rübe	Nabo
Salat	Salada
Sellerie	Aipo
Spinat	Espinafre
Tomate	Tomate
Zwiebel	Cebola

Geographie
Geografia

Atlas	Atlas
Äquator	Equador
Berg	Montanha
Breite	Latitude
Fluss	Rio
Gebiet	Território
Hemisphäre	Hemisfério
Höhe	Altitude
Insel	Ilha
Karte	Mapa
Kontinent	Continente
Land	País
Meer	Mar
Meridian	Meridiano
Norden	Norte
Ozean	Oceano
Region	Região
Stadt	Cidade
Welt	Mundo
West	Oeste

Geologie
Geologia

Erdbeben	Terremoto
Erosion	Erosão
Fossil	Fóssil
Geschmolzen	Fundido
Geysir	Geyser
Höhle	Caverna
Kalzium	Cálcio
Kontinent	Continente
Koralle	Coral
Lava	Lava
Mineralien	Minerais
Plateau	Platô
Quarz	Quartzo
Salz	Sal
Säure	Ácido
Stalagmiten	Estalagmites
Stalaktit	Estalactite
Stein	Pedra
Vulkan	Vulcão
Zone	Zona

Gewürze
Especiarias

Anis	Anis
Bitter	Amargo
Curry	Caril
Fenchel	Funcho
Geschmack	Sabor
Ingwer	Gengibre
Kardamom	Cardamomo
Knoblauch	Alho
Lakritze	Alcaçuz
Muskatnuss	Noz-Moscada
Nelke	Cravo
Paprika	Páprica
Pfeffer	Pimenta
Safran	Açafrão
Salz	Sal
Sauer	Azedo
Süss	Doce
Vanille	Baunilha
Zimt	Canela
Zwiebel	Cebola

Haartypen
Tipos de Cabelo

Blond	Loiro
Braun	Marrom
Dick	Grosso
Dünn	Fino
Farbig	Colori
Geflochten	Trançado
Gesund	Saudável
Grau	Cinza
Kahl	Careca
Kurz	Curto
Lang	Longo
Locken	Cachos
Lockig	Encaracolado
Schwarz	Preto
Silber	Prata
Trocken	Seco
Weich	Suave
Weiss	Branco
Wellig	Ondulado
Zöpfe	Tranças

Haus
Casa

Besen	Vassoura
Bibliothek	Biblioteca
Dach	Telhado
Dachboden	Sótão
Decke	Teto
Dusche	Chuveiro
Fenster	Janela
Garage	Garagem
Garten	Jardim
Kamin	Lareira
Küche	Cozinha
Möbel	Mobiliário
Schlüssel	Chaves
Schornstein	Chaminé
Spiegel	Espelho
Treppe	Escada
Tür	Porta
Wand	Parede
Zaun	Cerca
Zimmer	Quarto

Haustiere
Animais de Estimação

Eidechse	Lagarto
Fisch	Peixe
Hamster	Hamster
Hase	Coelho
Hund	Cão
Katze	Gato
Kätzchen	Gatinho
Kragen	Colarinho
Krallen	Garras
Kuh	Vaca
Maus	Mouse
Papagei	Papagaio
Schildkröte	Tartaruga
Schwanz	Cauda
Tierarzt	Veterinário
Wasser	Água
Welpe	Cachorro
Ziege	Cabra

Insekten
Insetos

Ameise	Formiga
Biene	Abelha
Blattlaus	Pulgão
Floh	Pulga
Gottesanbeterin	Louva-A-Deus
Heuschrecke	Gafanhoto
Kakerlake	Barata
Käfer	Besouro
Larve	Larva
Libelle	Libélula
Marienkäfer	Joaninha
Motte	Mariposa
Mücke	Mosquito
Schmetterling	Borboleta
Termite	Cupim
Wespe	Vespa
Wurm	Minhoca
Zikade	Cigarra

Katzen
Gatos

Fell	Pele
Garn	Fio
Jäger	Caçador
Komisch	Engraçado
Kralle	Garra
Maus	Mouse
Neugierig	Curioso
Persönlichkeit	Personalidade
Pfote	Pata
Schlafen	Dormir
Schüchtern	Tímido
Schwanz	Cauda
Unabhängig	Independente
Verrückt	Louco
Verspielt	Brincalhão
Wild	Selvagem

Kleidung
Roupas

Armband	Pulseira
Bluse	Blusa
Gürtel	Cinto
Halskette	Colar
Handschuhe	Luvas
Hemd	Camisa
Hose	Calça
Hut	Chapéu
Jacke	Jaqueta
Jeans	Jeans
Kleid	Vestido
Mantel	Casaco
Mode	Moda
Pullover	Suéter
Rock	Saia
Sandalen	Sandálias
Schal	Lenço
Schlafanzug	Pijama
Schuh	Sapato
Schürze	Avental

Klettern
Escalada

Atmosphäre	Atmosfera
Experte	Especialista
Führer	Guias
Gelände	Terreno
Handschuhe	Luvas
Helm	Capacete
Höhe	Altitude
Höhle	Caverna
Karte	Mapa
Neugier	Curiosidade
Physisch	Físico
Schmal	Estreito
Stabilität	Estabilidade
Stärke	Força
Stiefel	Botas
Wandern	Caminhada

Kräuterkunde
Herbalismo

Aromatisch	Aromático
Basilikum	Manjericão
Blume	Flor
Dill	Endro
Estragon	Estragão
Fenchel	Funcho
Garten	Jardim
Geschmack	Sabor
Grün	Verde
Knoblauch	Alho
Kulinarisch	Culinário
Lavendel	Lavanda
Majoran	Manjerona
Petersilie	Salsa
Qualität	Qualidade
Rosmarin	Alecrim
Safran	Açafrão
Thymian	Tomilho
Vorteilhaft	Benéfico
Zutat	Ingrediente

Kunst
Arte

Ausdruck	Expressão
Ehrlich	Honesto
Einfach	Simples
Gegenstand	Sujeito
Gemälde	Pinturas
Inspiriert	Inspirado
Keramik	Cerâmica
Komplex	Complexo
Original	Original
Persönlich	Pessoal
Poesie	Poesia
Porträtieren	Retratar
Schaffen	Criar
Skulptur	Escultura
Stimmung	Humor
Surrealismus	Surrealismo
Symbol	Símbolo
Visuell	Visual
Zusammensetzung	Composição

Kunst Liefert
Material de Arte

Acryl	Acrílico
Bleistifte	Lápis
Bürsten	Escovas
Farben	Cores
Holzkohle	Carvão
Kamera	Câmera
Kreativität	Criatividade
Leim	Cola
Öl	Óleo
Papier	Papel
Radiergummi	Apagador
Staffelei	Cavalete
Stuhl	Cadeira
Tabelle	Mesa
Tinte	Tinta
Ton	Argila
Wasser	Água

Küche
Cozinha

Essen	Comer
Essstäbchen	Pauzinhos
Gabeln	Garfos
Gefrierschrank	Freezer
Gewürze	Especiarias
Grill	Grelha
Kelle	Concha
Krug	Jarro
Kühlschrank	Geladeira
Löffel	Colheres
Messer	Facas
Ofen	Forno
Rezept	Receita
Schürze	Avental
Schüssel	Tigela
Schwamm	Esponja
Serviette	Guardanapo
Tassen	Cups
Wasserkocher	Chaleira

Landschaften
Paisagens

Berg	Montanha
Eisberg	Iceberg
Fluss	Rio
Geysir	Geyser
Gletscher	Geleira
Golf	Golfo
Halbinsel	Península
Höhle	Caverna
Hügel	Colina
Insel	Ilha
Meer	Mar
Oase	Oásis
See	Lago
Strand	Praia
Sumpf	Pântano
Tal	Vale
Tundra	Tundra
Vulkan	Vulcão
Wasserfall	Cascata
Wüste	Deserto

Länder #2
Países #2

Albanien	Albânia
Äthiopien	Etiópia
Frankreich	França
Griechenland	Grécia
Haiti	Haiti
Irland	Irlanda
Jamaika	Jamaica
Japan	Japão
Kenia	Quênia
Laos	Laos
Liberia	Libéria
Mexiko	México
Nepal	Nepal
Nigeria	Nigéria
Pakistan	Paquistão
Russland	Rússia
Sudan	Sudão
Syrien	Síria
Uganda	Uganda
Ukraine	Ucrânia

Literatur
Literatura

Analogie	Analogia
Analyse	Análise
Anekdote	Anedota
Autor	Autor
Beschreibung	Descrição
Biographie	Biografia
Dialog	Diálogo
Erzähler	Narrador
Fiktion	Ficção
Gedicht	Poema
Metapher	Metáfora
Poetisch	Poético
Reim	Rima
Rhythmus	Ritmo
Roman	Romance
Schlussfolgerung	Conclusão
Stil	Estilo
Thema	Tema
Tragödie	Tragédia
Vergleich	Comparação

Mathematik
Matemática

Arithmetik	Aritmética
Bruchteil	Fração
Dezimal	Decimal
Dreieck	Triângulo
Durchmesser	Diâmetro
Exponent	Expoente
Geometrie	Geometria
Gleichung	Equação
Parallel	Paralelo
Parallelogramm	Paralelogramo
Polygon	Polígono
Quadrat	Quadrado
Radius	Raio
Rechteck	Retângulo
Senkrecht	Perpendicular
Summe	Soma
Symmetrie	Simetria
Umfang	Perímetro
Volumen	Volume
Winkel	Ângulos

Meditation
Meditação

Annahme	Aceitação
Aufmerksamkeit	Atenção
Bewegung	Movimento
Dankbarkeit	Gratidão
Freundlichkeit	Bondade
Frieden	Paz
Gedanken	Pensamentos
Geistig	Mental
Glück	Felicidade
Klarheit	Clareza
Lehre	Ensinamentos
Lernen	Aprender
Mitgefühl	Compaixão
Musik	Música
Natur	Natureza
Perspektive	Perspectiva
Ruhig	Calmo
Stille	Silêncio
Verstand	Mente
Wach	Acordado

Meisterschaft
Campeonato

Ausdauer	Resistência
Champion	Campeão
Finalist	Finalista
Liga	Liga
Mannschaft	Equipe
Medaille	Medalha
Meisterschaft	Campeonato
Motivation	Motivação
Performance	Desempenho
Richter	Juiz
Sieg	Vitória
Spiele	Jogos
Sport	Esportes
Strategie	Estratégia
Trainer	Treinador
Turnier	Torneio

Menschlicher Körper
Corpo Humano

Bein	Perna
Blut	Sangue
Ellbogen	Cotovelo
Finger	Dedo
Gehirn	Cérebro
Gesicht	Rosto
Hals	Pescoço
Hand	Mão
Haut	Pele
Herz	Coração
Kiefer	Mandíbula
Kinn	Queixo
Knie	Joelho
Knöchel	Tornozelo
Kopf	Cabeça
Mund	Boca
Nase	Nariz
Ohr	Orelha
Schulter	Ombro
Zunge	Língua

Messungen
Medições

Breite	Largura
Byte	Byte
Dezimal	Decimal
Gewicht	Peso
Grad	Grau
Gramm	Grama
Höhe	Altura
Kilogramm	Quilograma
Kilometer	Quilômetro
Länge	Comprimento
Liter	Litro
Masse	Massa
Meter	Metro
Minute	Minuto
Tiefe	Profundidade
Tonne	Tonelada
Unze	Onça
Volumen	Volume
Zentimeter	Centímetro
Zoll	Polegada

Möbel
Móveis

Bank	Banco
Bett	Cama
Bücherregal	Estante
Couch	Sofá
Futon	Futon
Hängematte	Maca
Kissen	Almofada
Kommode	Cômoda
Matratze	Colchão
Regal	Prateleiras
Schreibtisch	Mesa
Sessel	Poltrona
Spiegel	Espelho
Stuhl	Cadeira
Teppich	Tapete
Vorhang	Cortinas

Musikinstrumente
Instrumentos Musicais

Banjo	Banjo
Cello	Violoncelo
Fagott	Fagote
Flöte	Flauta
Geige	Violino
Gitarre	Violão
Gong	Gongo
Harfe	Harpa
Klarinette	Clarinete
Klavier	Piano
Mandoline	Bandolim
Marimba	Marimba
Mundharmonika	Gaita
Oboe	Oboé
Posaune	Trombone
Saxophon	Saxofone
Schlagzeug	Percussão
Tamburin	Pandeiro
Trommel	Tambor
Trompete	Trompete

Mythologie
Mitologia

Archetyp	Arquétipo
Blitz	Relâmpago
Donner	Trovão
Eifersucht	Ciúmes
Held	Herói
Himmel	Céu
Katastrophe	Desastre
Kreation	Criação
Kreatur	Criatura
Krieger	Guerreiro
Kultur	Cultura
Labyrinth	Labirinto
Legende	Lenda
Magisch	Mágico
Monster	Monstro
Rache	Vingança
Stärke	Força
Sterblich	Mortal
Unsterblichkeit	Imortalidade
Verhalten	Comportamento

Natur
Natureza

Arktis	Ártico
Berge	Montanhas
Bienen	Abelhas
Dynamisch	Dinâmico
Erosion	Erosão
Fluss	Rio
Friedlich	Pacífico
Gletscher	Geleira
Heiligtum	Santuário
Heiter	Sereno
Laub	Folhagem
Lebenswichtig	Vital
Nebel	Nevoeiro
Schönheit	Beleza
Schutz	Abrigo
Tiere	Animais
Tropisch	Tropical
Wald	Floresta
Wild	Selvagem
Wüste	Deserto

Obst
Frutas

Ananas	Abacaxi
Apfel	Maçã
Aprikose	Damasco
Avocado	Abacate
Banane	Banana
Beere	Baga
Birne	Pera
Brombeere	Amora
Himbeere	Framboesa
Kirsche	Cereja
Kiwi	Kiwi
Kokosnuss	Coco
Melone	Melão
Nektarine	Nectarina
Orange	Laranja
Papaya	Mamão
Pfirsich	Pêssego
Pflaume	Ameixa
Traube	Uva
Zitrone	Limão

Ozean
Oceano

Aal	Enguia
Auster	Ostra
Boot	Barco
Delfin	Golfinho
Fisch	Peixe
Garnele	Camarão
Gezeiten	Marés
Hai	Tubarão
Koralle	Coral
Krabbe	Caranguejo
Krake	Polvo
Qualle	Medusa
Riff	Recife
Salz	Sal
Schildkröte	Tartaruga
Schwamm	Esponja
Sturm	Tempestade
Thunfisch	Atum
Wal	Baleia
Wellen	Ondas

Ökologie
Ecologia

Art	Espécies
Berge	Montanhas
Dürre	Seca
Fauna	Fauna
Flora	Flora
Freiwillige	Voluntários
Gemeinschaft	Comunidades
Global	Global
Klima	Clima
Lebensraum	Habitat
Marine	Marinho
Nachhaltig	Sustentável
Natur	Natureza
Natürlich	Natural
Pflanzen	Plantas
Ressourcen	Recursos
Sumpf	Pântano
Überleben	Sobrevivência
Vegetation	Vegetação
Vielfalt	Diversidade

Pflanzen
Plantas

Bambus	Bambu
Baum	Árvore
Beere	Baga
Blume	Flor
Blütenblatt	Pétala
Bohne	Feijão
Botanik	Botânica
Busch	Arbusto
Dünger	Fertilizante
Efeu	Hera
Flora	Flora
Garten	Jardim
Gras	Grama
Kaktus	Cacto
Kraut	Erva
Laub	Folhagem
Moos	Musgo
Vegetation	Vegetação
Wald	Floresta
Wurzel	Raiz

Piraten
Piratas

Abenteuer	Aventura
Anker	Âncora
Crew	Tripulação
Flagge	Bandeira
Gefahr	Perigo
Gold	Ouro
Höhle	Caverna
Insel	Ilha
Kapitän	Capitão
Karte	Mapa
Kompass	Bússola
Legende	Lenda
Münzen	Moedas
Narbe	Cicatriz
Papagei	Papagaio
Rum	Rum
Schatz	Tesouro
Schlecht	Mau
Schwert	Espada
Strand	Praia

Regenwald
Floresta Tropical

Amphibien	Anfíbios
Art	Espécies
Botanisch	Botânico
Dschungel	Selva
Einheimisch	Indígena
Gemeinschaft	Comunidade
Insekten	Insetos
Klima	Clima
Moos	Musgo
Natur	Natureza
Respekt	Respeito
Säugetiere	Mamíferos
Überleben	Sobrevivência
Vielfalt	Diversidade
Vögel	Pássaros
Wertvoll	Valioso
Wolken	Nuvens
Zuflucht	Refúgio

Restaurant #1
Restaurante #1

Allergie	Alergia
Brot	Pão
Dessert	Sobremesa
Essen	Comer
Fleisch	Carne
Huhn	Frango
Kaffee	Café
Kassierer	Caixa
Kellnerin	Garçonete
Küche	Cozinha
Menü	Menu
Messer	Faca
Reservierung	Reserva
Schüssel	Tigela
Serviette	Guardanapo
Sosse	Molho
Teller	Placa
Würzig	Picante

Restaurant #2
Restaurante # 2

Abendessen	Jantar
Eis	Gelo
Fisch	Peixe
Frucht	Fruta
Gabel	Garfo
Gemüse	Legumes
Getränk	Bebida
Gewürze	Especiarias
Kellner	Garçom
Köstlich	Delicioso
Kuchen	Bolo
Löffel	Colher
Mittagessen	Almoço
Nudeln	Macarrão
Salat	Salada
Salz	Sal
Stuhl	Cadeira
Suppe	Sopa
Vorspeise	Aperitivo
Wasser	Água

Säugetiere
Mamíferos

Affe	Macaco
Bär	Urso
Biber	Castor
Elefant	Elefante
Fuchs	Raposa
Giraffe	Girafa
Gorilla	Gorila
Hund	Cão
Känguru	Canguru
Kojote	Coiote
Löwe	Leão
Panther	Pantera
Pferd	Cavalo
Ratte	Rato
Schaf	Ovelha
Stier	Touro
Tiger	Tigre
Wal	Baleia
Wolf	Lobo
Zebra	Zebra

Schach
Xadrez

Champion	Campeão
Diagonal	Diagonal
Gegner	Oponente
König	Rei
Königin	Rainha
Lernen	Aprender
Opfer	Sacrifício
Passiv	Passivo
Punkte	Pontos
Regeln	Regras
Schwarz	Preto
Spiel	Jogo
Spieler	Jogador
Strategie	Estratégia
Turnier	Torneio
Weiss	Branco
Wettbewerb	Concurso
Zeit	Tempo

Schlösser
Castelos

Drache	Dragão
Dynastie	Dinastia
Edel	Nobre
Einhorn	Unicórnio
Festung	Fortaleza
Feudal	Feudal
Katapult	Catapulta
Königreich	Reino
Krone	Coroa
Palast	Palácio
Pferd	Cavalo
Prinz	Príncipe
Prinzessin	Princesa
Reich	Império
Ritter	Cavaleiro
Rüstung	Armadura
Schild	Escudo
Schwert	Espada
Turm	Torre
Wand	Parede

Schokolade
Chocolate

Antioxidans	Antioxidante
Aroma	Aroma
Bitter	Amargo
Erdnüsse	Amendoins
Essen	Comer
Exotisch	Exótico
Favorit	Favorito
Geschmack	Gosto
Handwerklich	Artesanal
Kakao	Cacau
Kalorien	Calorias
Karamell	Caramelo
Kokosnuss	Coco
Köstlich	Delicioso
Pulver	Pó
Qualität	Qualidade
Rezept	Receita
Süss	Doce
Zucker	Açúcar
Zutat	Ingrediente

Schule #1
Escola #1

Alphabet	Alfabeto
Antworten	Respostas
Bibliothek	Biblioteca
Bleistift	Lápis
Bücher	Livros
Freunde	Amigos
Lehrer	Professor
Lernen	Aprender
Mathematik	Matemática
Mittagessen	Almoço
Ordner	Pastas
Papier	Papel
Prüfungen	Exames
Quiz	Questionário
Schreibtisch	Mesa
Stifte	Canetas
Stuhl	Cadeira
Zahlen	Números

Schule #2
Escola # 2

Bibliothek	Biblioteca
Bildung	Educação
Bleistift	Lápis
Bus	Ônibus
Bücher	Livros
Computer	Computador
Grammatik	Gramática
Kalender	Calendário
Lehrer	Professor
Lernen	Aprendizagem
Lesen	Leitura
Literatur	Literatura
Papier	Papel
Radiergummi	Apagador
Rucksack	Mochila
Schere	Tesoura
Spiele	Jogos
Stifte	Canetas
Wissenschaft	Ciência
Wörterbuch	Dicionário

Science Fiction
Ficção Científica

Bücher	Livros
Dystopie	Distopia
Explosion	Explosão
Extrem	Extremo
Fantastisch	Fantástico
Feuer	Fogo
Futuristisch	Futurista
Galaxie	Galáxia
Geheimnisvoll	Misterioso
Illusion	Ilusão
Imaginär	Imaginário
Kino	Cinema
Orakel	Oráculo
Planet	Planeta
Realistisch	Realista
Roboter	Robôs
Szenario	Cenário
Technologie	Tecnologia
Utopie	Utopia
Welt	Mundo

Sommer
Verão

Bücher	Livros
Camping	Acampamento
Entspannung	Relaxamento
Familie	Família
Freizeit	Lazer
Freude	Alegria
Freunde	Amigos
Garten	Jardim
Meer	Mar
Musik	Música
Reise	Viagem
Sandalen	Sandálias
Spiele	Jogos
Sterne	Estrelas
Strand	Praia
Tauchen	Mergulho

Spielzeuge
Brinquedos

Auto	Carro
Ball	Bola
Boot	Barco
Bücher	Livros
Drachen	Pipa
Fahrrad	Bicicleta
Favorit	Favorito
Flugzeug	Avião
Kunsthandwerk	Artesanato
Lkw	Caminhão
Phantasie	Imaginação
Puppe	Boneca
Roboter	Robô
Schach	Xadrez
Schlagzeug	Bateria
Spiele	Jogos
Ton	Argila

Sport
Esportes

Athlet	Atleta
Baseball	Beisebol
Basketball	Basquete
Bewegung	Movimento
Eishockey	Hóquei
Fahrrad	Bicicleta
Gewinner	Ganhador
Golf	Golfe
Gymnasium	Ginásio
Gymnastik	Ginástica
Mannschaft	Equipe
Meisterschaft	Campeonato
Schiedsrichter	Árbitro
Spiel	Jogo
Spieler	Jogador
Stadion	Estádio
Tennis	Tênis
Trainer	Treinador

Stadt
Cidade

Apotheke	Farmácia
Bank	Banco
Bäckerei	Padaria
Bibliothek	Biblioteca
Blumenhändler	Florista
Buchhandlung	Livraria
Flughafen	Aeroporto
Galerie	Galeria
Hotel	Hotel
Kino	Cinema
Klinik	Clínica
Markt	Mercado
Museum	Museu
Restaurant	Restaurante
Salon	Salão
Schule	Escola
Stadion	Estádio
Supermarkt	Supermercado
Theater	Teatro
Universität	Universidade

Strand
Praia

Blau	Azul
Boot	Barco
Dock	Doca
Handtuch	Toalha
Insel	Ilha
Krabbe	Caranguejo
Küste	Costa
Lagune	Lagoa
Meer	Mar
Ozean	Oceano
Regenschirm	Guarda-Chuva
Riff	Recife
Sand	Areia
Sandalen	Sandálias
Segelboot	Veleiro
Sonne	Sol

Surfen
Surf

Anfänger	Principiante
Athlet	Atleta
Beliebt	Popular
Champion	Campeão
Extrem	Extremo
Geschwindigkeit	Rapidez
Magen	Estômago
Mengen	Multidões
Ozean	Oceano
Riff	Recife
Schaum	Espuma
Stärke	Força
Stil	Estilo
Strand	Praia
Welle	Onda
Wetter	Tempo

Tage und Monate
Dias e Meses

August	Agosto
Dezember	Dezembro
Dienstag	Terça
Donnerstag	Quinta-Feira
Februar	Fevereiro
Freitag	Sexta-Feira
Jahr	Ano
Januar	Janeiro
Juli	Julho
Juni	Junho
Kalender	Calendário
Mittwoch	Quarta-Feira
Monat	Mês
Montag	Segunda-Feira
November	Novembro
Oktober	Outubro
Samstag	Sábado
September	Setembro
Sonntag	Domingo
Woche	Semana

Tanzen
Dança

Akademie	Academia
Anmut	Graça
Ausdrucksvoll	Expressivo
Bewegung	Movimento
Choreographie	Coreografia
Emotion	Emoção
Freudig	Alegre
Haltung	Postura
Klassisch	Clássico
Körper	Corpo
Kultur	Cultura
Kulturell	Cultural
Kunst	Arte
Musik	Música
Partner	Parceiro
Probe	Ensaio
Rhythmus	Ritmo
Springen	Saltar
Traditionell	Tradicional
Visuell	Visual

Technologie
Tecnologia

Bildschirm	Tela
Blog	Blog
Browser	Navegador
Bytes	Bytes
Computer	Computador
Cursor	Cursor
Datei	Arquivo
Daten	Dados
Digital	Digital
Forschung	Pesquisa
Internet	Internet
Kamera	Câmera
Nachricht	Mensagem
Schriftart	Fonte
Sicherheit	Segurança
Software	Software
Statistik	Estatísticas
Virtuell	Virtual
Virus	Vírus

Tugenden #1
Virtudes #1

Bescheiden	Modesto
Charmant	Encantador
Effizient	Eficiente
Entscheidend	Decisivo
Geduldig	Paciente
Grosszügig	Generoso
Gut	Bom
Hilfreich	Útil
Intelligent	Inteligente
Komisch	Engraçado
Künstlerisch	Artístico
Leidenschaftlich	Apaixonado
Neugierig	Curioso
Praktisch	Prático
Sauber	Limpo
Unabhängig	Independente
Weise	Sábio
Zuversichtlich	Confiante

Urlaub #2
Férias #2

Ausländer	Estrangeiro
Berge	Montanhas
Camping	Acampamento
Flughafen	Aeroporto
Fotos	Fotos
Freizeit	Lazer
Hotel	Hotel
Insel	Ilha
Karte	Mapa
Meer	Mar
Pass	Passaporte
Reise	Viagem
Restaurant	Restaurante
Strand	Praia
Taxi	Táxi
Transport	Transporte
Urlaub	Feriado
Visum	Visto
Zelt	Tenda
Ziel	Destino

Vögel
Pássaros

Adler	Águia
Ei	Ovo
Ente	Pato
Eule	Coruja
Flamingo	Flamingo
Gans	Ganso
Huhn	Frango
Krähe	Corvo
Kuckuck	Cuco
Möwe	Gaivota
Papagei	Papagaio
Pelikan	Pelicano
Pfau	Pavão
Pinguin	Pinguim
Reiher	Garça
Schwan	Cisne
Spatz	Pardal
Storch	Cegonha
Taube	Pombo
Toucan	Tucano

Wandern
Caminhada

Berg	Montanha
Camping	Acampamento
Führer	Guias
Gefahren	Perigos
Gipfel	Cume
Karte	Mapa
Klima	Clima
Klippe	Penhasco
Müde	Cansado
Natur	Natureza
Orientierung	Orientação
Schwer	Pesado
Sonne	Sol
Steine	Pedras
Stiefel	Botas
Tiere	Animais
Vorbereitung	Preparação
Wasser	Água
Wetter	Tempo
Wild	Selvagem

Wasser
Água

Bewässerung	Irrigação
Dampf	Vapor
Dusche	Chuveiro
Eis	Gelo
Feuchtigkeit	Umidade
Fluss	Rio
Flut	Inundação
Frost	Geada
Geysir	Geyser
Hurrikan	Furacão
Kanal	Canal
Monsun	Monção
Ozean	Oceano
Regen	Chuva
Schnee	Neve
See	Lago
Trinkbar	Potável
Verdunstung	Evaporação
Wellen	Ondas

Wetter
Clima

Atmosphäre	Atmosfera
Blitz	Relâmpago
Brise	Brisa
Donner	Trovão
Dürre	Seca
Eis	Gelo
Himmel	Céu
Hurrikan	Furacão
Klima	Clima
Monsun	Monção
Nebel	Nevoeiro
Polar	Polar
Regenbogen	Arco-Íris
Sturm	Tempestade
Temperatur	Temperatura
Tornado	Tornado
Trocken	Seco
Tropisch	Tropical
Wind	Vento
Wolke	Nuvem

Wissenschaft
Ciência

Atom	Átomo
Chemisch	Químico
Daten	Dados
Evolution	Evolução
Experiment	Experiência
Fossil	Fóssil
Hypothese	Hipótese
Klima	Clima
Labor	Laboratório
Methode	Método
Mineralien	Minerais
Moleküle	Moléculas
Natur	Natureza
Organismus	Organismo
Partikel	Partículas
Pflanzen	Plantas
Physik	Física
Schwerkraft	Gravidade
Tatsache	Fato
Wissenschaftler	Cientista

Wissenschaftliche Disziplinen
Disciplinas Científicas

Anatomie	Anatomia
Archäologie	Arqueologia
Astronomie	Astronomia
Biochemie	Bioquímica
Biologie	Biologia
Botanik	Botânica
Chemie	Química
Geologie	Geologia
Immunologie	Imunologia
Kinesiologie	Cinesiologia
Linguistik	Linguística
Mechanik	Mecânica
Mineralogie	Mineralogia
Neurologie	Neurologia
Ökologie	Ecologia
Physiologie	Fisiologia
Psychologie	Psicologia
Soziologie	Sociologia
Thermodynamik	Termodinâmica
Zoologie	Zoologia

Zahlen
Números

Acht	Oito
Achtzehn	Dezoito
Dezimal	Decimal
Drei	Três
Dreizehn	Treze
Fünf	Cinco
Fünfzehn	Quinze
Neun	Nove
Neunzehn	Dezenove
Null	Zero
Sechs	Seis
Sechzehn	Dezesseis
Sieben	Sete
Siebzehn	Dezessete
Vier	Quatro
Vierzehn	Quatorze
Zehn	Dez
Zwanzig	Vinte
Zwei	Dois
Zwölf	Doze

Zeit
Tempo

Gestern	Ontem
Heute	Hoje
Jahr	Ano
Jahrhundert	Século
Jahrzehnt	Década
Jährlich	Anual
Jetzt	Agora
Kalender	Calendário
Minute	Minuto
Mittag	Meio-Dia
Monat	Mês
Morgen	Manhã
Nach	Depois
Nacht	Noite
Stunde	Hora
Tag	Dia
Uhr	Relógio
Vor	Antes
Woche	Semana
Zukunft	Futuro

Zirkus
Circo

Affe	Macaco
Akrobat	Acrobata
Ballons	Balões
Clown	Palhaço
Elefant	Elefante
Fahrkarte	Bilhete
Jongleur	Malabarista
Kostüm	Traje
Löwe	Leão
Magie	Magia
Musik	Música
Parade	Desfile
Spektakulär	Espetacular
Tiere	Animais
Tiger	Tigre
Trick	Truque
Unterhalten	Entreter
Zauberer	Mágico
Zelt	Tenda
Zuschauer	Espectador

Zu Füllen
Preencher

Becken	Bacia
Box	Caixa
Eimer	Balde
Fass	Barril
Flasche	Garrafa
Koffer	Mala
Korb	Cesta
Krug	Jar
Mappe	Pasta
Paket	Pacote
Rohr	Tubo
Schiff	Navio
Schublade	Gaveta
Tablett	Bandeja
Tasche	Bolso
Umschlag	Envelope
Vase	Vaso

Gratuliere

Sie haben es geschafft !!

Wir hoffen, dass euch dieses Buch genauso viel Spaß gemacht hat wie uns dessen Herstellung. Wir tun unser Bestes, um qualitativ hochwertige Spiele zu erfinden. Diese Rätsel sind auf eine clevere Art und Weise entworfen, damit sie aktiv lernen und daran Vergnügen finden.

Hat ihnen das Buch gefallen ?

Eine einfache Bitte

Unsere Bücher existieren dank der Rezensionen, die sie veröffentlichen. Können sie uns helfen indem sie jetzt eine Meinung hinterlassen ?

Hier ist ein kurzer Link, der Sie zu ihrer Bewertungsseite führt

BestBooksActivity.com/Rezension50

MONSTER HERAUSFÖRDERUNGEN !

Herausförderung 1

Bereit für ihr Bonusspiel? Wir verwenden sie ständig, aber sie sind nicht einfach zu finden. Es sind die Synonyme !

Notieren sie 5 Wörter, die sie in den untenstehenden Rätseln (Nummer 21, 36 und 76) entdeckt haben und versuchen sie für jedes Wort 2 Synonyme zu finden .

Notieren sie 5 Wörter aus Rätsel 21

Wörter	Synonym 1	Synonym 2

Notieren sie 5 Wörter aus Rätsel 36

Wörter	Synonym 1	Synonym 2

Notieren sie 5 Wörter aus Rätsel 76

Wörter	Synonym 1	Synonym 2

Herausförderung 2

Jetzt, wo sie warm sind, notieren sie 5 Wörter, die sie in jedem der untenaufgeführten Rätseln entdeckt haben (Nummer 9, 17 und 25) und versuchen sie für jedes Wort 2 Antonyme zu finden. Wie viele davon können sie binnen 20 Minuten finden ?

Notieren sie 5 Wörter aus **Rätsel 9**

Wörter	Antonym 1	Antonym 2

Notieren sie 5 Wörter aus **Rätsel 17**

Wörter	Antonym 1	Antonym 2

Notieren sie 5 Wörter aus **Rätsel 25**

Wörter	Antonym 1	Antonym 2

Herausförderung 3

Wunderbar, diese Monster Herausförderung  wird kein Problem für sie sein !

Bereit für die letzte Herausförderung? Wählen sie ihre 10 Lieblingswörter aus, die sie in einem Rätsel entdeckt haben und notieren sie sie unten.

1.	6.
2.	7.
3.	8.
4.	9.
5.	10.

Die Aufgabe besteht nun darin mit diesen Wörtern und in maximal sechs Sätzen einen Text herzustellen über eine Person, ein Tier oder ein Ort den sie lieben !

Tipp : sie können die letzten leeren Seiten dieses Buches als Entwurf verwenden

Ihr Schreiben :

NOTIZBUCH :

AUF BALDIGES WIEDERSEHEN !

KOSTENLOSE SPIELE GENIESSEN

GO

↓

BESTACTIVITYBOOKS.COM/FREEGAMES

www.ingramcontent.com/pod-product-compliance
Lightning Source LLC
Chambersburg PA
CBHW081714120626
46550CB00010B/3124